# HISTOIRE

DE

# N.-D. DE MAYLIS

PAR

## A. LABARRÈRE

Ch. hon., Supérieur du Petit-Séminaire d'Aire

## BORDEAUX

TYP. Vᵉ JUSTIN DUPUY ET COMP.

rue Gouvion, 20

—

1864

DU MÊME AUTEUR :

# HISTOIRE

## DE NOTRE-DAME DE BUGLOSE

---

### SOUVENIRS

DU BERCEAU DE S<sup>t</sup> VINCENT DE PAUL.

---

A Paris, chez H. Vrayet de Surcy, rue de Sèvres :

A BUGLOSE (Landes)

chez les Missionnaires diocésains.

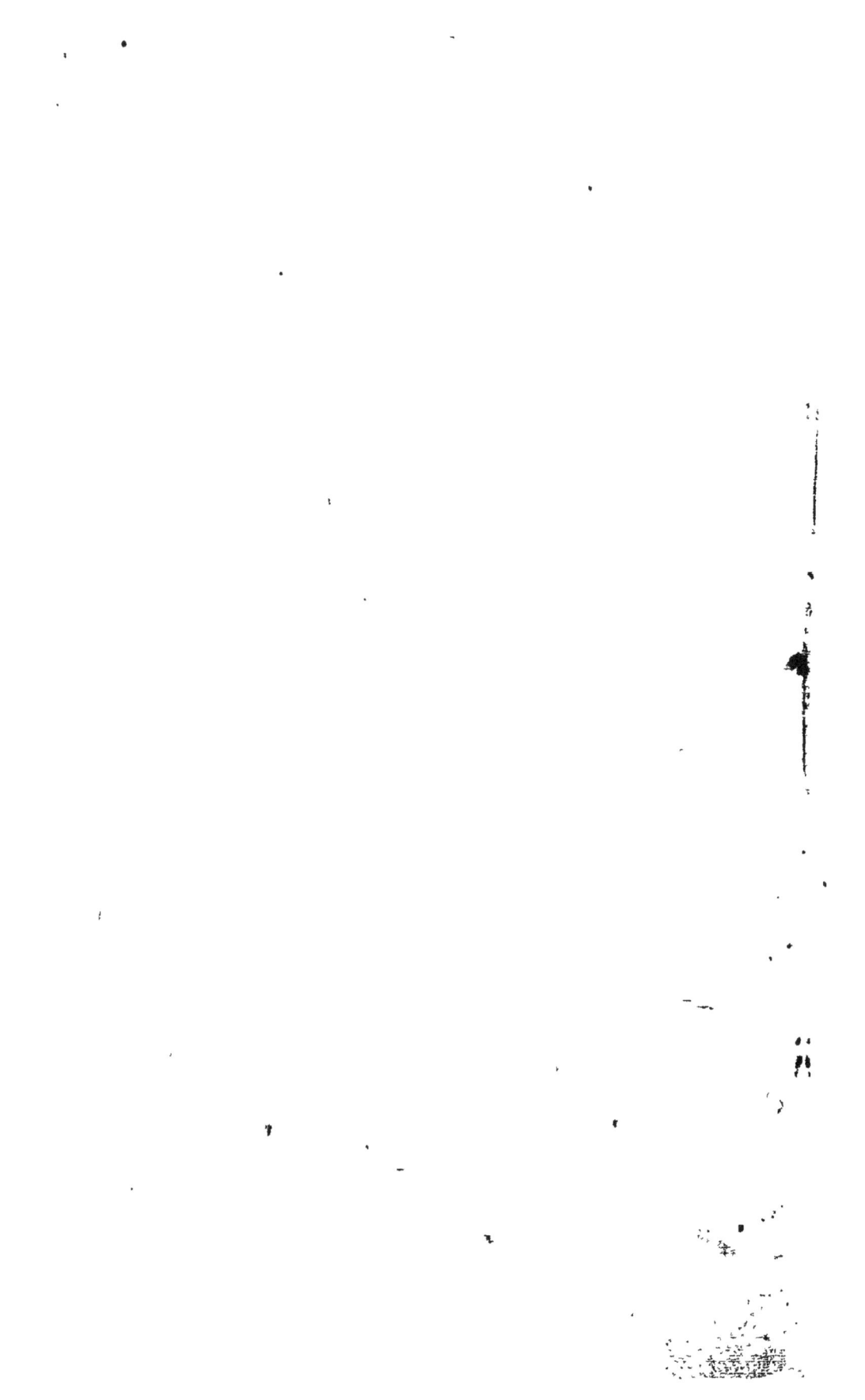

# HISTOIRE

## DE NOTRE-DAME DE MAYLIS

# HISTOIRE

DE

# N.-D. DE MAYLIS

PAR

## A. LABARRÈRE

Chan. hon., Supérieur du Petit-Séminaire d'Aire.

---

## BORDEAUX

TYPOGRAPHIE Vᶜ JUSTIN DUPUY ET COMP.

rue Gouvion, 20.

**1864**

# À MARIE

MÈRE SANS TACHE

Le plus humble de ses enfants,

A. L.

A SA GRANDEUR

# M<sup>gr</sup> Louis-Marie-Olivier EPIVENT,

Évêque d'Aire et de Dax

---

MONSEIGNEUR,

Voici un petit livre qui n'a d'autre mérite que le sujet même qu'il traite et d'autre but que de ramener les cœurs à Notre-Dame de Maylis, qui fut dans le passé la douce protectrice du diocèse d'Aire et qui, par les prodiges récents de sa miséricorde, semble elle-même inviter le présent à se réfugier dans ses bras. Une des plus pures gloires de votre épiscopat, Monseigneur, sera d'avoir secondé ce mouvement des âmes et rendu sa splendeur au pèlerinage de Maylis.

Daignez, Monseigneur, bénir ce modeste travail et suppléer à tout ce qui lui manque par l'autorité de votre nom.

En bénissant le livre, daignez aussi bénir celui qui est avec le plus profond respect,

Monseigneur,

de votre Grandeur,

Le très humble et très obéissant serviteur.

## A. LABARRÈRE.

Chan. hon., Sup. du Petit-Séminaire d'Aire.

1

# Approbation de l'Ordinaire.

## A M. L'ABBÉ LABARRÈRE,

### Supérieur du Petit-Séminaire d'Aire.

MONSIEUR LE SUPÉRIEUR,

Nous avons lu avec l'intérêt que nous attachons à tout ce qui concerne les vieilles gloires de notre Diocèse, le livre que vous avez consacré à recueillir les annales dispersées de Notre Dame de Maylis et de son pèlerinage.

Nous aimons à espérer que cette perle longtemps obscurcie retrouvera l'éclat des anciens jours. Nous reprenons avec joie l'œuvre interrompue de notre illustre prédécesseur, Bernard de Sariac, persuadé que nos bien-aimés diocésains, toujours dévoués au culte de Marie, seconderont de toutes leurs forces une renaissance que les besoins du temps et les signes visibles de la volonté du ciel attendent, ce semble, de notre époque.

Nous demandons au Dieu de toute consolation, au milieu des épreuves qui affligent l'Eglise, que cette blanche fleur, épanouie sur les riantes collines de la Chalosse, répande de nouveau ses parfums dans les âmes et y fasse germer la pureté et l'innocence si chères au cœur de la Mère du Lis.

Recevez, Monsieur le Supérieur, avec notre bénédiction, l'assurance de nos sentiments affectueux.

Aire, le 2 février, en la fête de la Purification de la Très Sainte-Vierge.

† LOUIS-MARIE, évêque d'Aire et de Dax.

# APPROBATION

## DE FEU M⁶ʳ PROSPER-MICHEL-ARNAUD·HIRABOURE
### *Evêque d'Aire et de Dax* (\*).

———

Nous avons lu avec le plus vif intérêt l'*Histoire de Notre-Dame de Maylis*, que M. l'abbé A. Labarrère, chanoine honoraire de notre église cathédrale d'Aire, a bien voulu se charger d'écrire à notre invitation. Il nous avait semblé qu'il appartenait à l'habile et pieux historien de Notre-Dame de Buglose d'être aussi l'historien de Notre-Dame de Maylis, et que de sa plume élégante sortirait un nouvel ouvrage plein d'intérêt et de charme, autant que pouvait le permettre la rareté des documents.

Nos espérances ont été heureusement réalisées. Nous approuvons et nous bénissons ce précieux travail. Puisse Notre-Dame de Maylis lui devoir l'honneur d'occuper, à côté de Notre-Dame de Buglose, une place justement méritée dans l'histoire de Notre-Dame de France ! Puissent ces deux Sanctuaires bénis devenir, s'il est possible, plus chers encore à la piété de nos bien-aimés diocésains ! Puissent surtout de ces deux sources fécondes les grâces et les bénédictions découler avec abondance sur notre troupeau, sur la France et sur l'Eglise ! Ce sera la plus belle récompense de l'auteur et notre plus douce consolation.

Dax, le 6 janvier 1858.

† PROSPER, évêque d'Aire et de Dax.

(\*) Nous avons cru intéresser nos lecteurs et les amis de Mgr Hiraboure, c'est-à-dire tous ceux qui eurent le bonheur de le connaître, en relatant ici l'approbation que le bien-aimé Prélat avait daigné donner à une première ébauche de notre travail.

# AVANT-PROPOS.

---

## LE CULTE DE MARIE

### DANS LE MIDI DE LA FRANCE.

Les cantiques de l'Eglise nous peignent la bienheureuse Marie assise sur un trône de candeur plus éclatant que la neige ; elle brille sur ce trône comme une *rose mystérieuse*, ou comme *l'étoile du matin* précurseur du soleil de la grâce ; les plus beaux anges la servent ; les harpes et les voix célestes forment un concert autour d'elle ; on reconnaît dans cette fille des hommes le *Refuge des pécheurs*, la *Consolatrice des affligés* ; elle ignore les saintes colères du

Seigneur ; elle est toute bonté, toute compassion, toute indulgence.

Marie est la divinité de l'innocence, de la faiblesse et du malheur. (1)

## I.

Son culte pénétra de bonne heure dans le Midi de la France. Le premier autel dont il soit fait mention dans les annales de la Novempopulanie était consacré à sa gloire. Les traditions recueillies dans les plus anciennes liturgies font remonter aux temps apostoliques la mission des premiers disciples du Christ, appelés à évangéliser ces contrées ; et l'on sait que ces hommes de Dieu, avant de partir de Rome pour ces missions lointaines, ne manquaient pas de dire à Marie ce qu'un juge d'Israël disait à Débora : Si vous venez avec moi, j'irai ; mais si vous ne venez pas, je n'irai pas sans vous. Saint Pothin, élève de saint Polycarpe, qui avait été lui-même disciple de St Jean, venant évangéliser Lyon, porta une image de la Mère de Jésus sur les bords de

(1) Châteaubriand. — *Génie du Christianisme.*

la Saône, aux lieux où s'éleva Notre-Dame de Fourvières. Lorsque saint Saturnin vint planter à Toulouse l'étendard de la foi, il s'était armé des reliques de la Sainte Vierge ; ces reliques n'étaient rien moins qu'une tresse de ses cheveux, un morceau de sa robe et quelques parcelles du sépulcre où elle reposa un instant. Ce précieux trésor passa des ruines fumantes d'Eause à Notre-Dame d'Auch. Avant ces deux évêques missionnaires, l'apôtre saint Jacques, arrivé en Espagne pour y prêcher l'Evangile, s'était arrêté sur les bords de l'Ebre et priait avec quelques disciples : la nuit protégeait sa prière. Les alarmes du présent ramenaient naturellement ses pensées vers Jérusalem, et sa voix murmurait sans doute le nom de Marie, comme un fils en détresse appelle sa mère absente. La douce Vierge, qui vivait encore en Orient, entendit le cri de sa douleur ; elle lui apparut pour le consoler ; et sur le lieu de son apparition elle lui ordonna de bâtir un oratoire. Saint Jacques, aidé de ses disciples, posa le premier fondement de Notre-Dame del Pilar à Saragosse. Saint Vincent de Sentes consacrait à Marie la première cathédrale de Dax. Le culte de la Vierge florissait à Aire sur les bords de l'Adour : Saint Philibert, qui y avait fait son éducation, déclarait au commencement du septième siècle qu'il en avait emporté une dévotion ardente pour la Mère de Dieu, à laquelle il dédiait ses deux fondations principales, Jumiéges et Noirmoutiers.

## II.

Les apôtres du Christ, en pénétrant dans ces contrées, y trouvaient les esprits merveilleusement préparés par les traditions locales au culte de Celle que le monde attendait. Longtemps avant l'ère évangélique, les Druides, prêtres des Gaulois, érigeaient des statues *à la Vierge qui devait enfanter.* Ils se réunissaient au fond des bocages sacrés autour des autels dédiés *à la Mère future du Dieu qui devait naître.* Les chrétiens convertis à Jésus-Christ n'avaient qu'à relever ces autels, et, sans en altérer la signification, les vouer désormais *à la Vierge qui avait enfanté.* Des chênes millenaires, anciens témoins des mystères druidiques, reçurent dans leurs flancs caverneux la douce image de Marie. La marguerite des prés, le muguet des bois, les tiges odorantes de la verveine et du chèvrefeuille ne furent plus effeuillées sur les bords de la fontaine divinisée : on les déposa sur les autels rustiques de la Mère de Dieu. Ainsi furent évangélisés les Celtes et les Aquitains, comme des enfants élevés sur les genoux d'une mère ; la même voix qui leur annoncait Jésus répétait les douces invocations de Marie.

En même temps que le génie de la religion élevait au sein des villes devenues chrétiennes ses merveilleuses basiliques, la piété naïve des peuples multipliait ces oratoires modestes, où les âmes simples vénéraient Celle que le ciel leur a donnée pour consolatrice dans cette vallée de larmes. Ces autels souvent renversés par la persécution, et toujours relevés par la foi, se rencontraient partout où il y avait un péril à conjurer, une douleur à calmer, un besoin à secourir ; c'étaient comme autant d'asiles ouverts par la reconnaissance à la *Mère de miséricorde*, comme autant de ports de salut où se réfugiaient les âmes battues de la tempête.

Lorsque les barbares se ruaient sur nos belles

provinces, comme un torrent impétueux qui entraîne tout sur son passage, les chrétiens, voulant dérober à la profanation les objets de leur respect et les emblêmes de leur foi, cachèrent soigneusement les statues de la Vierge dans les retraites les plus reculées et les moins accessibles de leurs forêts. Ces images saintes y demeurèrent, non qu'elles fussent oubliées, mais parce que l'épée des Goths, des Alains, des Vandales abattait les populations comme le faucheur abat l'herbe des prairies, et que dans les contrées les plus fertiles et les plus populeuses du monde romain, le voyageur faisait alors plusieurs jours de marche sans voir la fumée d'une chaumière.

### III.

Longtemps après, une partie de ces Madones reparurent avec éclat, et des miracles en accompagnèrent la découverte. Tantôt une vive lumière attirait la nuit un chasseur à l'affût vers un bouquet d'épines blanches, où gazouillaient tout le long du jour une nuée d'oiseaux : là était une image de Marie, cachée parmi les fleurs d'un arbuste épineux, qu'embaumaient les parfums de la brise des bois : c'était *Notre-Dame des Epines-Fleuries* ; ou, avec des prodiges à peu près semblables, *Notre-Dame de Betharram*. Tantôt des bergers, voyant leurs moutons fléchir le genou sur un tertre parsemé de violettes blanches, creusaient le sol et trouvaient avec une indicible surprise une petite statue, grossièrement sculptée, mais représentant la Mère de Dieu. Tantôt le pâtre, poussant son troupeau dans la lande, était attiré par les mugissements d'un bœuf qui s'enfonçait dans les joncs d'un marais, et de sa langue caressante léchait un objet mystérieux : c'était, comme *à Buglose*, une ravissante image de Marie, tenant l'Enfant-Jésus. Ou bien, un vaisseau sans rames et sans pilote, conduit par le souffle de Dieu, venait déposer sur le rivage *Notre-Dame de Boulogne*. Ailleurs, le pied de la mule que montait Isabelle de Foix, était irrésistiblement retenu sur la pierre qui recélait *Notre-Dame de Verdelais*.

## IV.

En ces âges de foi, toutes les croyances, toutes les tendres affections qui s'élançaient du
cœur de l'homme vers le ciel, se rencontraient
et se fixaient sur une image suprême. Toutes les
pieuses traditions, les unes locales, les autres
personnelles, s'éclipsaient et se confondaient
dans celles que le monde entier répétait sur
Marie. Reine de la terre, autant que reine du
ciel, pendant que tous les fronts et tous les
cœurs étaient inclinés devant elle, tous les esprits étaient inspirés par sa gloire ; tandis que
le monde se couvrait de sanctuaires, de cathé-
drales en son honneur, l'imagination de ces générations poétiques ne tarissait pas dans la découverte de quelque nouvelle perfection, de
quelque nouvelle beauté, au sein de cette beauté
souveraine. Chaque jour voyait éclore quelque
légende plus merveilleuse, quelque nouvelle parure que la reconnaissance du monde offrait à
Celle qui avait réhabilité sa race, repeuplé les
rangs des anges, rouvert le ciel aux hommes...
Et pleine d'une inébranlable confiance en l'objet

de tant d'amour, convaincue de sa vigilance maternelle, la chrétienté s'en remettait à Elle de toutes ses peines et de tous ses dangers. (1)

Les fils des Gaulois et des Francs, ces hommes de mouvement, de batailles et de conquêtes, nos ancêtres, qui pendant tant de siècles s'en allèrent par le monde, plaçant des rois sur tous les trônes, avaient mis leur bouillante valeur sous la protection d'une femme céleste.

Toute couverte de la poussière et du sang des combats, la vieille France s'agenouillait devant les statues de Marie, et plaçait souvent l'image de la Vierge sur ses blancs étendards... En vérité, c'était un noble spectacle que de voir ainsi la force et la vaillance honorer une mère et un enfant, et opposer ainsi ce que la terre a de plus terrible à ce que le ciel a de plus doux ! (2)

Nos plus illustres guerriers allaient au combat au cri de *Notre-Dame*. C'est à ce cri magique qu'ils ont triomphé des Infidèles en Palestine, des Maures en Espagne, des Visigoths, des Sarrasins, des Normands, des Anglais en Aquitaine

(1) H. Lebon, *Couronne à la Vierge*.
(2) V$^{te}$ Walsh, *Tableau poétique des fêtes chrétiennes*.

et en France. Ils aimaient à s'appeler les Chevaliers de Marie; c'est à Elle qu'ils faisaient hommage de leurs victoires. Les puissants comtes d'Armagnac se déclaraient ses hommes-liges. Gaston de Béarn, qui pénétra de front avec Tancrède par la brèche de Jérusalem, reconnaissant que c'était la main de Marie qui l'avait guidé dans tous ses périls, fondait en son honneur l'abbaye de Sauvelade et décorait richement Notre-Dame del Pilar. Quand, après un long siége, on sommait nos preux de livrer la forteresse qu'ils défendaient si vaillamment, ils répondaient du haut des remparts : « nous ne cèderons à homme qui vive ». Mais si on leur proposait de se rendre *à la plus noble Dame qui fut jamais,* à l'instant les poternes s'ouvraient, les pont-levis s'abaissaient, à la seule condition de ne subir d'autre suzeraineté que celle de la Mère de Dieu (1). — Et dans nos derniers temps, un fils des révolutions, un soldat à manteau impérial; le Charlemagne des temps modernes, Napoléon, voulut que la Vierge fût glorifiée le jour où il était né dans une petite ville de la Corse. (2).

(1) *Légende du château de Lourde.* — (2) Vᵗᵉ Walsh.

Si, maintenant, parcourant nos catholiques contrées, vous vous arrêtez devant les monuments antiques et modernes ; si vous demandez ce qui les a fait sortir de terre avec toutes leurs merveilles, une voix s'échappera, et des pierres, et de la tradition, et des annales des peuples, pour vous répondre :

Le culte de Marie.

On l'honorait partout sous le nom de *Notre-Dame*, expression pleine de naïveté et de grâce, qui rappelait au cœur une souveraineté de mère et un empire tout d'amour.

Voyez que de basiliques, que de chapelles, que d'hospices sous l'invocation de Notre-Dame, et quelles douces appellations à la Vierge divine ! Ici, c'est *Notre-Dame de Bon-Secours*, *Notre-Dame de Toutes-Aides* ; plus loin, *Notre-Dame des Angoisses* ; ailleurs, *Notre-Dame de Toutes joies* ; près des lieux où l'on souffre, *Notre-Dame des Sept-Douleurs* ; là où l'on s'est battu, *Notre-Dame des Victoires* ; au fond d'un vallon, *Notre-Dame de la Paix* ; sur la montagne, *Notre-Dame des Neiges* ; sur les bords escarpés de la mer, *Notre-Dame de Bon-Port* ; et puis *Notre-Dame de la Garde, Notre-Dame de la Délivrance, Notre-Dame des Rochers, Notre-Dame du Lac, Notre-Dame de Grâce, Notre-Dame des Lis.*

On nous accuserait de chercher à surprendre l'oreille par de doux sons, si nous redisions ici tous les titres gracieux, tous les vocables touchants de la patrone que s'étaient choisie nos pères (1). Aussi nous nous arrêtons à *Notre-Dame des Lis*, à Celle dont nous aspirons à retrouver les annales perdues.

Les fleurs surtout offraient à la riante imagination de nos pères un monde tout peuplé des plus charmantes images, un langage muet qui exprimait à souhait les sentiments les plus tendres et les plus délicats.

Marie, cette fleur du ciel et de la terre, cette *Rose mystérieuse*, ce *Lis* étincelant de blancheur *au milieu des épines*, avait une innombrable quantité de fleurs que son doux nom rendait plus belles et plus chères à son peuple. Chaque détail des vêtements qu'elle avait portés ici-bas était représenté par quelque fleur plus gracieuse que les autres ; c'étaient comme des reliques

(1) Vᵗᵉ Walsh.

détachées de sa parure, comme des perles partout éparses sous ses pas et sans cesse renouvelées.

Entre toutes les fleurs, nos pères avaient choisi le *Lis* comme le symbole le plus expressif de sa *pureté* et de son *innocence*. A leur exemple, entre tous les sanctuaires de Marie qui portent de si douces appellations, nous choisissons le sanctuaire de *Notre-Dame du Lis*, comme l'objet de nos études. Puisse le faible tribut de nos recherches attacher un bien léger fleuron de plus à sa couronne blanche ! (1)

Petit-Séminaire d'Aire, le 4 Avril 1864, en la fête de l'Annonciation de la B. V. Marie.

---

(1) *Gallia christiana.*—De Marca.— Monlezun.—Traditions locales. — Mandement de Mgr l'évêque d'Aire et de Dax sur le culte de la sainte Vierge dans le Midi de la France.

# INTRODUCTION

De temps immémorial il exista, dans la province de Chalosse, diocèse d'Aire, un pèlerinage célèbre sous le nom de Notre-Dame de Maylis. Sous ce nom plein de grâce, nos pères voulurent honorer celle que les siècles catholiques proclament la Mère sans tache, en la désignant par le Lis, symbole de pureté.

Le temps a plus d'une fois entassé les

ruines autour de ce béni Sanctuaire. Déjà,
vers le milieu du dix-septième siècle, une
voix épiscopale déplorait sa désolation et
nous montrait le culte de Notre-Dame de
Maylis presque anéanti par le malheur des
guerres.

. Cependant, Dieu veillait sur ces ruines,
et des signes visibles attestèrent que le
ciel voulait le rétablissement du pèlerinage. Les miracles qui s'y faisaient, les
grâces extraordinaires qu'on y obtenait,
éveillèrent l'attention de deux hommes
illustres, Hugues Dufaur et Bernard VII
de Sariac, évêque d'Aire.

Hugues Dufaur était un prêtre du diocèse d'Auch, un apôtre rempli de l'esprit
de Dieu, que M<sup>gr</sup> de Sariac avait placé à la
tête de ses missions diocésaines. C'est lui
qui fut le principal instrument de la divine

Providence dans la restauration de la sainte chapelle; il trouva un puissant auxiliaire dans le prélat dont les actes reconstituèrent sur de nouvelles bases le pèlerinage de Maylis.

Bernard VII de Sariac, issu d'une noble famille du comté d'Astarac, abbé de Lescale-Dieu, au diocèse de Tarbes, fut sacré le 1er juin 1659 et mourut en 1672, lorsqu'il revenait des Etats de Bigorre, où son abbaye lui donnait une place. Son zèle s'exerça contre les abus; les pauvres furent l'objet constant de ses libéralités. Il se montra ennemi capital des Réformés; il détruisit les temples de Geaune, de Buanes, de Labastide, et transféra ailleurs celui de Saint-Justin. Ses efforts ne purent abolir les courses de taureaux. Bernard fut délégué par le Pape Alexandre VII pour informer sur l'utilité d'unir à la mense des Dames de Sainte-Croix de Bordeaux le prieuré de Sainte-Madelaine de Mont-de-Marsan, dont la prieure perpétuelle était alors Cécile de Pontacq. L'union eut lieu en 1665.

Le principal honneur de Bernard de Sariac fut d'avoir relevé de ses ruines le pèlerinage de Notre-Dame de Maylis.

# HISTOIRE

## DE

# NOTRE-DAME DE MAYLIS

## CHAPITRE PREMIER.

### LA CHALOSSE.

Entre les rives de l'Adour au nord et les confins du Béarn au sud, s'étend une des plus riantes contrées de la France : c'est la Chalosse.

Elle comprend le Tursan, pays des anciens Atures, l'Auribat ou Val-d'Or, et la Chalosse proprement dite ; elle est tout entière sous la juridiction des évêques

1.

d'Aire. La Chalosse du centre a pour chef-lieu Saint-Sever, autrefois Cap-de-Gascogne. C'est dans cette partie qu'est situé le Sanctuaire dont nous allons essayer de reconstituer les annales.

On y rencontre à chaque pas des sites gracieux, des horizons variés, des vues pittoresques ; ses principaux cours d'eau sont le Leuy, le Louts, le Gabas et le Bahus. Le tableau que Salvien nous a laissé de la Novempopulanie semble fait pour la Chalosse, qui en était une des portions les plus intéressantes. Personne n'ignore, dit l'éloquent apologiste de la Providence, que les Neuf-Peuples avaient en partage comme la moëlle de toute la Gaule et suçaient, pour ainsi dire, le lait de ses plus riches mamelles. Le sol, coupé de coteaux, de vallons et de plaines, est tour à tour tapissé de vignes, émaillé de prairies, ombragé de forêts, baigné de fontaines, arrosé de rivières, couronné de moissons.

Au centre de ce délicieux panorama, sur la cime d'un mamelon isolé, était assise l'antique chapelle de Notre-Dame de Maylis. Autour d'elle, des chaînes de collines pêle-mêle rangées s'élèvent, s'abaissent, courent en longues lignes et tout à coup se brisent ou s'effacent comme pour ouvrir des horizons plus larges et attirer de plus loin les regards et les cœurs vers la douce protectrice de ces contrées. Çà et là des églises aux flèches hardies, qui s'élancent du sommet des coteaux ou se détachent sur le fond des vallées, apparaissent comme les radieux satellites de la Reine de la Chalosse.

Les premiers habitants de ce pays appartenaient à ces fortes races aquitaniques qui tinrent longtemps en échec la fortune de Rome.

Les Atures, les Tarusates et les Tarbelliens, qui forment aujourd'hui le département des Landes, perdirent jusqu'à leur nom dans les commotions sociales qui suivirent l'invasion des Barbares. Le Tursan ou pays des Atures est désigné au commencement du moyen-âge sous le nom de *Sialossa*, d'où le nom actuel de Chalosse. Ce nom est-il nouveau, ou avait-il précédé les appellations latines imposées par les Romains et disparues avec eux ? C'est ce que nous ne pourrions décider. Nous ne serions pas éloigné toutefois de le faire dériver du mot grec : σιαλοῦσα, de σιαλόω, qui signifie *nourrir, engraisser*. Sialossa serait alors synonyme de terre nourricière, désignation qu'elle justifie par sa fécondité. Cette origine n'aurait rien d'étonnant pour ceux qui savent que des colonies grecques, d'abord établies sur les bords de la Méditerranée, s'avancèrent chez les Aquitains le long de la Garonne et ne dédaignèrent pas les rives non moins riches de l'Adour. Justin nous apprend que les nouveaux venus apprirent aux aborigènes l'art de cultiver les terres, de tailler les vignes et en même temps de former l'esprit par la culture des lettres, et surtout de la langue grecque, qui devint si commune dans les provinces méridionales qu'on s'en servait quelquefois dans les actes publics. On en trouve encore des vestiges, non-seulement dans les inscriptions échappées aux ravages du temps, mais aussi dans plusieurs locutions de l'idiôme national, qui ont véritablement une origine grecque.

Déjà, avant l'établissement de ces colonies, ce pays n'avait pas été sans quelques éléments de civilisation : les Druides y célébraient au sein des forêts de chênes les mystères de leur culte. On voit encore sur le bord de la route de Saint-Sever à Hagetmau un *men-hirr*, en gascon, *Peyre-Longue*, colossal monolithe qui servit plus d'une fois peut-être aux rites sanglants des prêtres d'Hésus.

Ces peuples subirent la domination ro-
maine, non sans avoir pris une glorieuse
part à la lutte nationale contre les légions
de Rome. On rencontre sur bien des points
les vestiges de camps romains, notamment
à Aire, ou l'on montre encore les camps
de César et de Pompée. Des traces semblables se révèlent à St-Loubouer, à St-Geours
d'Auribat. St-Sever prend pour point de
départ un camp de César. Aire, la cité épiscopale, subit le nom de *Vicus-Julii,* que
l'orgueil national laissa tomber dans l'oubli, pour reprendre le nom de son fleuve.

La connaissance de Jésus-Christ pénétra
dans ces contrées sur les pas des armées
romaines. Toutes les villes favorisées du
titre de cité eurent bientôt des évêques.
Dès les premiers âges de notre foi,--des
apôtres envoyés par les pontifes de Rome
avaient porté la bonne nouvelle dans les
Gaules. L'histoire a conservé le souvenir
des travaux et des souffrances de quelques-

uns de ces illustres martyrs. Nous ne savons pas les noms des premiers évêques d'Aire, la cité des Atures ; car nous croyons que saint Marcel, porté le premier sur les dyptiques de notre église cathédrale, ne vient qu'après une longue succession d'évêques missionnaires. Nous ne pouvons pas non plus assigner avec précision la date du martyre de sainte Quitterie, la jeune héroïne que la tradition nous présente comme née dans le pays des Cantabres, et qui, fuyant la persécution et des nôces brillantes, pour les gloires de la virginité, franchit les Pyrénées, remonta l'Adour et eut la tête tranchée par la main de son prétendant sur le penchant de la colline, au pied de laquelle est assise la ville d'Aire. On montre encore son tombeau vide dans la crypte de l'église du Mas, qui porte son nom : là est aussi, d'après la tradition, le tombeau de son frère Désiré, qui partagea sa fuite et son martyre.

Cependant le monde romain croulait de toute part. Les délices d'une longue paix avaient abaissé les âmes, énervé les caractères et préparé les voies à l'invasion des Barbares. Les Aquitains n'avaient pas échappé à la corruption générale. La foi rencontrait dans les âmes amollies des résistances opiniâtres. Dieu allait balayer du souffle de sa colère ces éléments impurs.

A son appel, Alains, Suèves, Huns, Vandales, Goths se lèvent, culbutent les légions romaines, passent le Rhin, envahissent les Gaules et d'un bond touchent aux Pyrénées. Arrêtées un moment par cette barrière, les hordes barbares refluent sur les contrées environnantes et inondent la Chalosse. Tout est saccagé, pillé. On-voit de toute part les prêtres massacrés avec tous les ordres du clergé, les vierges livrées aux derniers outrages, les églises détruites, les chevaux attachés aux autels de Jésus-Christ, les reliques des martyrs jetées aux vents.

Au milieu de ces bouleversements inouïs, les doux missionnaires de l'évangile s'en allaient sur les pas des Barbares, jetant la semence divine dans le sang et dans les larmes. Deux hommes surtout ont attaché leur nom à la conversion de la Chalosse : C'étaient Géronce et Sévère, plus connus sous le nom de saint Girons, et saint Sever, tous deux de la nation des Vandales. Comme s'ils avaient voulu réparer les maux causés par les soldats de leur race, ils suivaient les traces des conquérants, pour essuyer les larmes des vaincus et, au milieu de tant de ruines, convier les âmes à des espérances meilleures et à des biens plus solides.

Sévère et Géronce avaient reçu leur mission du Pontife de Rome ; c'est à Rome qu'est attaché le premier anneau qui, à travers les âges, a toujours relié les popu-

lations de ces contrées à l'unité catholique.
Ces deux héros, en y implantant la bonne
doctrine, versèrent dans les veines du peuple Chalossais une sève de foi tellement
vivace que rien dans la suite des temps
n'a pu en altérer la pureté. Après les
empereurs romains, les Visigoths ariens
ont persécuté nos pères catholiques ; les
hommes du nord ont brûlé leurs églises ;
les Sarrasins, venus du Midi, ont passé sur
leurs corps ; le Protestantisme, à son tour,
est venu promener le fer et la flamme dans
nos belles campagnes ; et la Chalosse a tenu ferme ; elle a pu courber un instant la
tête sous l'effort de l'orage, mais pour se
relever toujours pure et inébranlable dans
son orthodoxie.

Comme sainte Quitterie, Sévère et Géronce fécondèrent de leur sang la semence
de la vérité. Deux villes, St-Sever et St-Girons, qui devint plus tard Hagetmau, s'éle-
vèrent sur les tombeaux des deux martyrs.

Une collégiale s'établit à St-Girons (A) ; l'Ordre des Bénédictins fonda à St-Sever un de ses monastères les plus célèbres. (B)

Le Sanctuaire qui est l'objet de nos études est à peu de distance de ces tombes illustres.

# CHAPITRE II.

## ANTIQUITÉ DE MAYLIS.

Aucun document précis ne nous révèle les commencements du pèlerinage de Maylis. Nous savons seulement que son origine se perd dans une antiquité reculée.

Les constructions massives dont on remarque encore les restes dans l'abside semblent indiquer le style roman. Deux arcades aveugles tracées en ogive sur le côté ouest de la tour quadrilatère qui sert de clocher, la pierre octogone du baptistère avec ses panneaux ornés de rosaces

1.

et de fenêtres géminées, accusent la seconde moitié du XIV<sup>e</sup> siècle. La chapelle dut être originairement voûtée, comme l'indiquent ses épais contreforts et un commencement d'arête engagée dans le pilier nord de l'arc triomphal. Les constructions actuelles paraissent avoir été raccordées à des pans de murailles beaucoup plus anciennes. Il ne reste de l'époque primitive que les bases de l'abside, les contreforts et une partie de la tour.

Des traditions déjà anciennes au milieu du dix-septième siècle nous parlent de la *célébrité* de la sainte chapelle de Maylis et des marques assez claires qu'elle portait encore de son antiquité, du *concours des peuples* qui y venaient de *tous les diocèses voisins* invoquer la Mère de Dieu; des *grâces extraordinaires* qui récompensaient la foi des pèlerins. Des documents écrits, écho précieux de ces traditions *immémoriales*, conservés dans les archives de la sainte

chapelle, nous montrent à la même époque un évêque donnant hautement des re-
grets à ses gloires passées, préparant des
plans, publiant des ordonnances et créant
des institutions pour essayer de rendre au
pèlerinage ses splendeurs évanouies. Nous
voyons les populations de la Chalosse,
souvent éprouvées par les fléaux du ciel
ou par les calamités de la terre, venir s'a-
genouiller en larmes sur ce coteau privilégié, autour d'une image de la Vierge
auxiliatrice des chrétiens, vénérée dans
ce lieu sous le nom de Notre-Dame de
Maylis. Nous inclinons à croire que nos
pères, qui se montrèrent toujours fidèles
à honorer la Mère de Dieu, entendirent
surtout glorifier sous ce titre grâcieux sa
pureté sans tache et sa virginale mater-
nité; c'est le sentiment exprimé par M$^{gr}$ de
Sariac, évêque d'Aire, dans son mandement relatif à la restauration de la sainte
chapelle.

D'où a pu venir la raison locale de ce culte ? Pourquoi les peuples ont-ils voulu honorer en ce lieu la Mère de Dieu sous le nom de Mère du Lis ? Est-ce le pur mouvement d'une dévotion qui s'est plu à entourer le nom de Marie des plus riantes images de la nature ? Est-ce le souvenir de quelque apparition de la Vierge sur le sommet de la colline ? Son pied sacré, en touchant la terre, avait-il fait germer la fleur, emblême de son inaltérable pureté, comme de nos jours il a fait jaillir une source d'eaux vives sur la montagne de la Salette et dans la grotte de Lourde ? Y avait-il là un de ces sanctuaires primitivement consacrés par les Druides à la Vierge qui devait enfanter, comme à Notre-Dame de Chartres ? Avait-on rencontré sur ce point une madone mystérieuse que la foi de nos pères avait multipliée jusqu'au fond des bois et que l'on cachait aux jours du péril dans le creux de quel-

que chêne millenaire ? La fontaine qui
coule du flanc de la colline avait-elle été
dédiée primitivement à quelque divinité
fabuleuse, telle que Bélisama, la reine du
Ciel, ou la blanche Néhalénia, à la robe
flottante, aux sandales d'or, que le supers-
titieux Aquitain croyait voir à travers le
prisme de son imagination crédule des-
cendre la nuit du sein des nuages et glis-
ser mystérieusement sur la lisière des forêts, entourée d'un croissant de lumière ?
Et l'Eglise avait-elle voulu effacer la su-
perstition et sanctifier ces eaux merveilleuses en les mettant sous le patronage
de Marie pleine de grâce ?

Ce sont là des hypothèses dont aucune
ne peut justifier une préférence. Quoi qu'il
en soit, nous savons que toutes les fois
que l'on rencontre une de ces dévotions
antiques profondément enracinées dans la
tradition des peuples, on peut être assuré
que le doigt de Dieu est là. A ce point de

vue, les innombrables pèlerinages dont
nous avons les origines certaines dépc-
sent en faveur de ceux qui, à force de
vieillir, ont perdu leurs annales.

———————

# CHAPITRE III.

## RUINE DU SANCTUAIRE DE MAYLIS.

Nous avons visité les lieux, interrogé avec respect ces ruines vénérables. Tout ici porte la trace d'une destruction violente. L'édifice primitif fut en grande partie rasé jusqu'aux fondements. On voit encore sur les côtés de la tour des pierres calcinées et, à la charpente, de vieilles poutres noircies par la flamme.

A quelle époque faut-il faire remonter la destruction de la sainte Chapelle ' —

Monseigneur de Sariac, évêque d'Aire, qui écrivait en 1660, atteste que Notre-Dame de Maylis est tombée victime des malheurs de la guerre. Mais si les traditions locales confirment ce fait, elles ne s'expliquent point sur la date de cette guerre.

Les guerres les plus récentes qui auraient pu consommer la ruine de Notre-Dame de Maylis seraient certainement les guerres de religion. Or ces guerres, suscitées par le Protestantisme, remontent pour nos contrées à 1560, époque des premiers troubles, et se développent avec plus de fureur en 1569 et années suivantes. C'est surtout en 1570 que les bandes protestantes, victorieuses en Béarn, après les massacres d'Orthez et la Saint-Barthélemy de Pau, se répandirent comme un torrent dévastateur sur le diocèse d'Aire tout entier, et le couvrirent de ruines.

A cette époque tombèrent sous les coups

des hérétiques les Sanctuaires de Buglose,
de Bétharan et de Sarrance.

Nous avons sous les yeux le procès-verbal authentique dressé par ordre de Charles IX en 1571, de tous les excès commis
par les Huguenots dans les églises de ce
diocèse. Nous savons à quelles violences
ils se portèrent dans toutes les églises paroissiales ou annexes qui entourent Notre-
Dame de Maylis, comme Larbey, Doazit,
Aulès, Le Mus, Serres, St-Aubin, Brocas,
Montaut, Mugron, etc. Le procès-verbal,
d'ailleurs si exact sur tous les points, se
tait sur la sainte chapelle. Or, si elle avait
existé dans son ancienne gloire, elle n'aurait pas manqué d'attirer l'attention et de
subir l'outrage des Religionnaires, à l'exemple des Sanctuaires vénérables que
nous avons cités plus haut ; et les auteurs
du procès-verbal, si probes et si précis,
auraient constaté le désastre.

Nous concluons de leur silence que la

ruine de Maylis n'est pas de cette époque ;
elle n'est pas non plus d'une date plus
récente ; quelques traces historiques seraient restées d'un évènement si près de
nous. Donc il faut la placer en des temps
antérieurs. Faut-il la faire remonter aux
guerres des Anglais ? Le Sanctuaire de
Maylis aurait-il été enveloppé dans la haine
de ces insulaires contre la maison de Foix
de Candale, dont nous voyons les descendants seigneurs de Doazit et bienfaiteurs
de Maylis ? Faut-il invoquer des souvenirs
encore plus anciens, par exemple, l'invasion des Normands ou des Sarrasins ?
C'est ce que les documents connus jusqu'à
ce jour ne nous permettent pas de décider.

Une seule conclusion ressort de cet
examen, c'est l'antiquité reculée de Notre-
Dame de Maylis.

# CHAPITRE IV.

## RESTAURATION DU PÈLERINAGE.

L'esprit de Dieu soufflait sur les ruines, c'était le souffle de la miséricorde.

Dieu, au jour de sa colère, dit un pieux auteur permet l'indifférence des hommes pour le culte de Marie, comme pour empêcher que cette bonne mère ne profite de ses priviléges maternels et ne retienne trop tôt le bras de sa justice. Mais quand le temps de l'indugence approche, il éveille dans le cœur des fidèles une grande confiance dans cette douce médiatrice, afin que se laissant attendrir par la prière et par les supplications des pécheurs, elle intercède pour eux et obtienne leur pardon. C'est ainsi que le progrès de la dévotion à Marie est le signe avant-coureur des bénédictions du ciel.

L'homme suscité de Dieu pour réveiller la foi des peuples et ramener la Chalosse aux pieds de Notre-Dame de Maylis, fut un prêtre du diocèse d'Auch, appelé par l'évêque d'Aire à évangiliser son peuple. Ce saint prêtre, nommé Hugues Dufaur, imprima un essor puissant à l'œuvre des missions. Les succès de son zèle lui concilièrent le respect et l'admiration du pays. Il est permis de penser que sa tendre dévotion pour la mère de Dieu le porta plus d'une fois à venir l'honorer sur les ruines de son antique chapelle. Des signes visibles attestaient d'ailleurs que la bénédiction du ciel n'avait pas abandonné ce lieu.

Dieu lui-même semblait vouloir hâter le rétablissement du pèlerinage. Il n'était bruit que des grâces extraordinaires qu'on y obtenait, des conversions nombreuses et inattendues qui s'y opéraient.

Hugues Dufaur crut que le moment de la grâce était venu. Son premier soin fut de communiquer ses vues à Raymond de Cez, curé de la paroisse de Larbey et de la chapelle de Maylis, qui n'était alors que l'annexe de cette paroisse. Raymond de Cez n'eut pas de peine à comprendre la portée de ce pieux dessein; il l'embrassa avec chaleur et invita le zélé missionnaire à commencer hardiment la restauration projetée. Ce n'était pas assez pour la foi vive de Hugues Dufaur. Dieu n'inspire jamais de grands desseins à un élu de sa droite et ne l'appelle à servir aux manifestations éclatantes de sa gloire, sans déposer en même temps dans son cœur des sentiments d'humilité, de soumission et de dé-

férence envers les puissances régulière-
ment établies pour le gouvernement des
choses saintes. Aussi l'apôtre de la Chalosse, déjà sûr de l'approbation du pasteur
de Maylis, ne jugea pas qu'il dût mettre
la main à une œuvre de cette importance
avant d'en avoir référé à l'autorité épiscopale. En conséquence, il adressa un
exposé de ses idées à Mgr Bernard de Sariac, évêque d'Aire, qui était alors à Paris, et qui en confia l'examen à ses vicai-
res-généraux.

L'évêque montra un louable empressement à rétablir une dévotion qui avait été
pour son diocèse, en des temps plus heureux, une source de bénédictions et de
grâces. Il témoigna par des lettres pleines
de piété et de reconnaissance qu'il n'avait
rien plus à cœur que le retour des peuples
à un culte si salutaire.

L'autorité ecclésiastique bénissait l'en-
treprise : Hugues Dufaur et Raymond de

Cez firent appel au sentiment religieux
des populations. Leur voix ébranla tous
les échos de la Chalosse. Les pèlerins vin-
rent en foule ; la piété multiplia les dons.
Les premières ressources obtenues servi-
rent à relever les pierres éparses du sanctuaire, à réédifier ses murailles, à élargir
son enceinte : une seconde nef s'ajouta à
la nef primitive. Ces nouvelles constructions n'eurent rien de monumental ; elles
attestent la gêne des temps non moins
que la corruption du goût. Mais sous ces
formes modestes, après une longue inter-
ruption des solennités saintes, Notre-Dame
de Maylis rentrait en possession de son
temple, et les fidèles purent l'invoquer
aux mêmes lieux où tant de générations
étaient venues tour à tour chercher un
abri tutélaire.

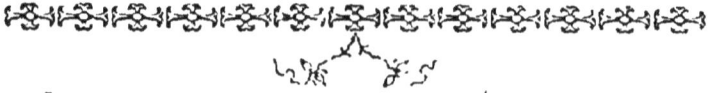

# CHAPITRE V.

## PROJET DE COMMUNAUTÉ.

L'élan était donné : les peuples reprenaient avec joie le chemin de Maylis. Les deux prêtres dont le succès avait dépassé toutes les espérances se virent débordés par l'affluence des pèlerins.

Le plus sûr moyen d'assurer d'une manière stable le service du pèlerinage, c'était d'attacher à Notre-Dame de Maylis un corps de prêtres voués à la prédication et à la direction des âmes : l'humilité, la

ferveur, le zèle, l'abnégation, le désinté-
ressement, la science, telles devaient être
les bases du nouvel institut.

Hugues Dufaur, Raymond de Cez, Jean
de Vic, marguillier de la chapelle de
Notre-Dame de Maylis, se réunirent dans
une maison qu'on désigne encore sous le
nom d'Espaunic, en présence de Mᵉ Dupoy,
notaire royal de la juridiction de Doazit.
Le but de la réunion était, suivant les termes de l'acte authentique qui nous est
resté, de rechercher les moyens les plus
propres à créer les fondements d'une dévotion permanente, et à rendre la chapelle
de Maylis un lieu tellement saint, tellement sacré, que la Très Sainte Vierge y
reçût dans la suite des âges un culte impé-
rissable.

Jean de Vic, agissant au nom des habitants de Maylis, fait à Hugues Dufaur et
aux prêtres de sa communauté donation
pleine et entière d'une maison avec champ,

vigne, jardin, et autres dépendances, le tout acheté par les libéralités des personnes dévotes et particulièrement de la paroisse de Doazit.

Après cet acte de donation, on s'occupa de consigner dans un concordat les bases de la future communauté. On y détermina les droits respectifs du curé de Larbey et des chapelains de Maylis. Dans les longues stipulations qui intervinrent, Raymond de Cez nous paraît avoir maintenu avec rigueur les prérogatives de son titre. Deux autorités distinctes et qui pouvaient facilement devenir rivales se trouvaient ainsi constituées dans la même église : c'était asseoir sur un principe ruineux les institutions nouvelles. L'absence d'unité dans la direction sur un champ si restreint devait tôt ou tard faire naître des conflits, entraver l'action des missionnaires, paralyser l'essor et amener la décadence du pèlerinage.

Ces conventions sont du 10 de novembre de l'an 1658. Parmi les témoins appelés figuraient Raymond de Juste, docteur en théologie, archiprêtre de Doazit, et Jean d'Abadie, docteur en théologie, chanoine de St-Girons. [c]

Ce qui avait été fait jusque-là constituait un progrès, mais ne suffisait point à assurer l'avenir. Il appartenait à l'illustre famille de Candale d'attacher son nom à la perpétuité d'une œuvre qui honorait les terres de sa domination. Par un acte du 25 mai 1659, retenu par Me de Vic, notaire de Doazit, noble Sarran de Candale de Foix, baron de Doazit et seigneur de Maylis, donne à la nouvelle communauté de Notre Dame, à perpétuité et en toute justice, un fief de trente journaux de terres situées dans le territoire de Doazit.

Tous ces arrangements portaient la réserve formelle de l'approbation de l'évêque diocésain.

# CHAPITRE VI.

## ACTES ÉPISCOPAUX.

Le bruit des choses merveilleuses qui s'accomplissaient à Maylis continuait à remuer tous les esprits. Monseigneur Bernard de Sariac crut qu'il était du devoir de sa charge épiscopale de procéder à l'examen de cette dévotion populaire, en la soumettant à l'application des règles canoniques. Il ne voulut rien précipiter dans une affaire si grave et désira s'entourer de toutes les lumières propres à éclairer la question ; il fit appel aux témoignages des personnes, soit résidantes, soit étrangères, qui pourraient justifier la vérité des opérations surnaturelles et des actes de piété que le public attribuait à ce pèlerinage.

Le 21 septembre de l'année 1660, en la fête de saint Mathieu, apôtre et évangéliste, le zélé prélat fit une descente sur les lieux, suivant son expression ; il y tint une sorte de lit de justice, des assises solennelles, où figuraient de savants ecclésiastiques, des laïques recommandables et une foule de personnes de grande piété venues non seulement de tous les points du diocèse, mais encore des extrémités les plus reculées de la province. Ces informations juridiques eurent pour résultat la constatation des caractères surnaturels et divins attachés au pèlerinage de Notre-Dame de Maylis. Le ciel s'était expliqué : l'évêque n'avait plus qu'à seconder les vues de la Providence.

Le premier de ses actes authentiques fut la confirmation du concordat passé entre Maître Raymond de Cez, prêtre et curé de Larbey et de la chapelle de Notre-Dame de Maylis ; Maître Hugues Dufaur, prêtre, et Jean de Vic, dit de Péguiraut, touchant le rétablissement du pèlerinage.

Voici les principales dispositions de cet acte épiscopal :

« Bernard de Sariac, par la grâce de Dieu et autorité du Saint-Siége apostolique, évêque et seigneur d'Aire et de Sainte-Quitterie du Mas, conseiller du roi, abbé de Lieu-Dieu, de l'Escale-Dieu, etc., à tous ceux qui ces présentes verront, salut en Notre Seigneur.

» Quoique la gloire des saints soit une même chose avec celle du Sauveur de nos âmes, et que les merveilles de leurs vies nous obligent d'admirer les triomphes miraculeux de la grâce sur la faiblesse de

la nature, néanmoins c'est avec une différence notable eu égard à la diversité des
degrés de ses communications, que la
même foi qui nous représente Dieu admirable en tous ses saints, porte nos ravis-
sements dans l'excès, en nous faisant con-
templer l'excellence à laquelle il lui a plu
d'élever la vie et les mérites de la Très
Sainte Vierge, Mère de son Fils; et la
gloire qu'il lui a donnée dans le ciel et sur
la terre est aussi inénarrable aux anges
qu'aux hommes.

« Aussi nous devrions adorer avec un
silence respectueux la providence de Dieu
dans la gloire qu'il lui a plu susciter en
faveur de la Très Sainte Vierge en l'église
de Maylis. Autrefois la dévotion qu'on y
avait pour son culte y était célèbre ; mais
le malheur de la guerre l'ayant presque
éteinte, il a fallu que les opérations extraordinaires de la grâce l'y aient rétablie.
Aussi la bonté de Dieu par l'intercession

de cette grande Avocate des fidèles les y a
rendues si fréquentes, que le bruit s'en
étant répandu par tous les diocèses voisins,
on y voit un grand concours de peuple et
des actes de piété et de conversion continuels ; en sorte qu'il y a sujet d'espérer
que cette dévotion recevra tous les jours
de nouveaux accroissements et refleurira
en toute sorte de bénédictions. »

Après ce préambule, le vénérable prélat rappelle les demandes d'autorisation
qui lui ont été adressées, le concordat qui
lui a été soumis avec tant de déférence, la
persuasion acquise dès l'origine que cette
dévotion était l'ouvrage du ciel ; les informations juridiques qu'il a dirigées en personne avec tant de solennité pour établir cette créance sur des bases encore
plus assurées ; enfin, il déclare qu'il est
tellement convaincu de la vérité de l'inter-
vention divine dans ces évènements, « qu'il
n'a cru pouvoir refuser l'homologation,

autorisation et confirmation requises, à
moins de se rendre coupable de retardement ou diminution de la gloire de Dieu
et du culte de la Très Sainte Vierge. C'est
pourquoi, de Dieu et puissance épiscopale
et ordinaire que nous avons en ce diocèse,
et de l'avis de notre Congrégation, et
ayant égard aux fins de la supplique, nous
avons homologué, autorisé et confirmé,
homologuons, autorisons et confirmons le-
dit concordat en tous les chefs, avec les
modifications ou ampliations et restrictions
par nous ordonnées. »

Suivent les modifications prescrites et
que nous ferons connaître dans le chapitre
suivant. Cet acte épiscopal est daté d'Aire
le 25 du mois de septembre 1660, quatre jours après la descente du prélat à
Maylis. (b)

# CHAPITRE VII.

## INSTITUTION D'UN CORPS DE CHAPELAINS DE N.-D. DE MAYLIS.

Hugues Dufaur reçut de Monseigneur de Sariac la mission de rédiger les statuts de la communauté nouvelle, conjointement avec les chapelains titulaires appelés à en former le premier noyau.

D'après ces statuts soumis à l'approbation de l'Ordinaire, le nombre des chapelains en titre de bénéfice perpétuel devait être déterminé par l'avis du Supérieur et de l'Evêque, en vue des besoins du pèlerinage. Le supérieur était inamovible, sauf les cas prévus par le droit ; et dès ce moment, Hugues Dufaur était élevé à cette dignité.

On distinguait dans la société deux sortes de membres, les titulaires et les desservants. Les titulaires formaient le premier institut ; les desservants composaient le second. Ces derniers étaient nommés par le supérieur de la Communauté pour autant de temps qu'on le jugeait convenable ; ils ne pouvaient entrer en fonctions qu'avec l'approbation épiscopale.

En cas de vacance de la charge de supérieur, il y était pourvu par l'évêque, à qui était réservé le droit de conférer ce titre à celui des chapelains titulaires qu'il en jugerait le plus digne. Quant aux chapellenies titulaires, la nomination et la présentation appartenaient au Supérieur

et à la communauté, et l'institution aux
évêques d'Aire. Toutefois, la nomination
et la présentation ne pouvaient tomber
que sur des personnes capables et comp-
tant déjà six mois de service dans la chapelle. En cas de contestation sur la capa-
cité des personnes, le droit des évêques
devait prévaloir et devenait absolu. La
desserte de six mois était en tout cas obli-
gatoire.

Le supérieur était chargé de veiller soigneusement sur la vie, les mœurs et la
conduite de tous les membres de la Communauté, soit titulaires, soit desservants,
ou simplement attachés au service de la
maison, avec la faculté et le droit de les
corriger, tant en particulier qu'en présence de la communauté, conformément
aux règles canoniques. Les cas graves
étaient réservés à la connaissance de l'Ordinaire.

Les comptes des revenus, offrandes,

charités, aumônes et généralement de tous
les biens meubles et immeubles de la Communauté, devaient être rendus de six mois
en six mois par devant l'évêque diocésain
ou une commission de son choix. Les curés
de Larbey, contrairement aux prétentions
de Raymond de Cez, étaient exclus de
toute participation à ces règlements, à
moins qu'ils ne fussent chapelains titulaires du premier institut ou membres du
second.

Le supérieur, les chapelains titulaires
ou desservants et tous les serviteurs de la
communauté devaient être entretenus avec
les revenus de la sainte chapelle, y com-
pris les fruits d'un fief de trente journées
de terre dans le territoire de Doazit, donné
par noble Sarran de Candale de Foix, seigneur et baron de Doazit, par acte authentique du 25 mai de l'an 1659 : fondation
et donation approuvées, autorisées et spi-
ritualisées par lettres épiscopales, données

à Aire, le 25 de septembre 1660, en présence de Bernard Péclavé, chanoine, et de Jean Roques, prêtre et maître de musique dans la cathédrale.

# CHAPITRE VIII.

## HUGUES DUFAUR.

Hugues Dufaur peut être considéré comme le véritable restaurateur du pèlerinage de Notre-Dame de Maylis. Nous ne saurions louer plus dignement sa mémoire qu'en traduisant ici la lettre que lui adressa en latin M<sup>gr</sup> de Sariac, évêque d'Aire, en lui conférant le titre de premier supérieur de la sainte chapelle :

« A notre cher fils en Jésus-Christ Hugues Dufaur, prêtre du diocèse d'Auch et bachelier en théologie.

» On nous a raconté de grandes et glorieuses choses sur le zèle inoui que vous avez déployé avec tant de bonheur pour le rétablissement de l'antique dévotion de la sainte chapelle de Maylis, consacrée par nos aïeux à l'honneur et à la gloire de l'innocence et de la pureté de la très Sainte Vierge ; c'est avec un sentiment profond d'admiration que nous la voyons maintenant reprendre l'éclat longtemps interrompu de ses solennités. Cette dévotion montre de jour en jour ses caractères plus divins, et il nous est permis d'espérer que vos travaux, votre vigilance, vos sueurs, votre dévouement et la sagesse de votre administration vont l'élever au plus haut degré de religion et de ferveur.

» Aussi, prenant en considération et la nature délicate du sujet et les droits de la

justice et les sentiments d'affection que
vous a voués notre diocèse tout entier ;
voulant de notre côté vous octroyer une
distinction toute particulière, nous vous
avons institué et nous vous instituons,
nous vous avons confirmé et nous vous
confirmons administrateur et directeur
réel, absolu et perpétuel de ladite dévotion et de la sainte chapelle de Maylis,
conformément aux statuts que nous avons
donnés pour l'administration et plus am-
ple restauration de ladite chapelle, y com-
pris les modifications que nous avons ap-
portées au concordat conclu entre vous et
Raymond de Cez, prêtre, curé de Larbey
et de la chapelle de Maylis, comme il nous
a paru par acte public retenu par Me Dupoy, notaire royal de la juridiction de
Doazit, le 25 du mois de novembre de l'an
1659.

» Nous voulons que vous vous adjoigniez
des collaborateurs dignes de seconder et

de mener à fin une œuvre si sainte et résolus à former avec vous une pieuse communauté.

» Nous avons arrêté que vous recevriez au milieu d'eux tous les honneurs qui vous sont dus en qualité de vrai restaurateur, administrateur et supérieur, et que vous jouiriez de tous droits, biens acquis ou à acquérir, dons, aumônes, oblations faites ou à venir.

» Nous mandons à tout prêtre ou clerc tonsuré, à tout notaire public de notre juridiction, de vous établir et de vous installer, avec les solennités requises, vous ou tout fondé de pouvoir agissant en votre nom et pour vous, en la possession réelle, actuelle et corporelle de la sainte chapelle et de la maison acquise, ainsi que de tous les biens qui en dépendent.

» Donné à Aire, dans notre palais, le 25 du mois de septembre de l'an 1660, en présence de Jean Roques, prêtre, maître de musique, et de Pierre Pandellé, prêtre prébendier de la cathédrale, à ce appelés et priés par nous, et signés à l'original. » (E)

# CHAPITRE X.

## ÉRECTION A MAYLIS DE LA CONFRÉRIE DE LA DOCTRINE CHRÉTIENNE.

L'institut de Notre-Dame de Maylis ne tarda pas à porter ses fruits. Les pèlerins accouraient de toute part et montraient une admirable ferveur ; il fallut organiser des exercices réguliers, multiplier les instructions, les conférences, les catéchismes. Il ne fut pas difficile de constater que ce qui manquait surtout à ces âmes avides de la parole sainte, c'était la connaissance de la religion. La loi de Dieu est si pure, elle est si lumineuse, qu'elle porte sa justification avec elle-même ; sa force secrète subjugue et convertit les cœurs. Elle donne la sagesse aux petits. Il ne lui manque pour être aimée que d'être mieux connue.

Placé par M<sup>gr</sup> de Sariac à la tête des missions diocésaines, Hugues Dufaur eût voulu pouvoir faire naître sous ses pas les missionnaires de la vérité ; il méditait une sorte d'apostolat universel, une croisade hardie contre l'ignorance de Dieu et des choses saintes. Ses regards, comme ceux de tous les hommes de foi, se tournèrent vers Rome, Mère et Maîtresse de toutes les Eglises. Là, au cœur de l'unité catholique, au centre de tous les grands exemples, ses vues les plus chères lui parurent heureusement réalisées dans une vaste association ayant pour but de répandre dans toutes les classes les principes de la doctrine chrétienne. Les souverains Pontifes, dont l'œil veille sans cesse sur les besoins du troupeau confié à leur garde, avaient béni l'archiconfrérie naissante et ouvert, pour l'encourager, le trésor des indulgences. Ses bienfaits n'étaient pas limités à la ville de Rome : les évêques étaient autorisés par les bulles pontificales à l'instituer dans tous les diocèses du monde catholique.

Hugues Dufaur voulut assurer à Notre-Dame de Maylis cette nouvelle source de grâces ; il se hâta d'adresser une supplique dans ce sens au vénérable prélat, toujours prompt à seconder les inspirations de son zèle.

Nous laisserons le Pontife développer avec l'autorité de sa parole les grandes vues qui le portaient à établir dans la chapelle de Maylis la confrérie de la Doctrine chrétienne :

« Il n'est rien de plus précieux devant Dieu qu'une âme sainte qui est éclairée

des mystères du ciel et remplie de toute
connaissance spirituelle. Elle est la bonne
odeur de Jésus-Christ en tout lieu ; elle se
fait connaître dans toutes ses actions
comme une agréable imitatrice des saints
qui composent le royaume de Dieu. Aussi,
à la façon d'une colombe mystique, elle
gémit incessamment sur les misères de la
nature et ses faiblesses déplorables, sur
les excès dépravés de la vie mondaine et
sur l'ignorance criminelle de la plupart
des chrétiens. Les oracles divins nous ap-
prennent que l'épiscopat n'a été institué
de Dieu que pour changer la terre en un
paradis de bénédictions, les hommes en
créatures célestes, et les esprits terrestres
en enfants de gloire et de candeur éternelle. Mais il faut avouer que ces change-
ments mystérieux ne peuvent se faire que
par le moyen de la parole de Dieu et de
la Doctrine chrétienne, qui est l'école sacrée des âmes désireuses de leur salut,

une sainte expression des choses célestes
une image inénarrable des volontés de
Dieu et un miroir fidèle qui représente
la gloire des Bienheureux.

» L'esprit de Dieu, qui veille sans cesse
sur la sanctification des âmes, a daigné
inspirer aux Souverains Pontifes de son
Eglise d'instituer dans le Christianisme la
Confrérie de la Doctrine Chrétienne, comme un moyen très efficace pour détruire
les erreurs du monde, pour faire éclater
divinement les vérités de l'Evangile, pour
faire régner la grâce de la Rédemption
dans les cœurs des fidèles, enfin pour enflammer fortement les âmes ignorantes à
apprendre la science du salut. D'où vient
qu'ils l'ont enrichie de tous les divins trésors de l'église, afin que tous les fidèles
ne fassent aucune démarche pour s'instruire des mystères de la religion, qui ne
soit accompagnée de grâces et de faveurs
extraordinaires?

« Le sieur Dufaur, directeur de la sainte
chapelle de Notre-Dame de Maylis, que
nous employons aux instructions générales
de notre diocèse, nous a représenté que
l'institution de cette confrérie de la Doctrine chrétienne pourrait merveilleusement avancer la sanctification des âmes
qui vivent sous notre sollicitude pastorale
et augmenter la gloire de Dieu ; et que par
le divin attrait des indulgences immenses
que le Saint-Siége a accordées à cette dé-
vôte confrérie , les fidèles se rendraient
plus volontiers aux instructions qu'on leur
doit faire, et nous a supplié de la vouloir
instituer dans la sainte chapelle de Notre-
Dame de Maylis, où l'on vaque continuellement à l'édification des âmes par les
pieux exercices de la Doctrine chrétienne.

» Or, Nous,

» Désirant de tout notre cœur porter
notre diocèse dans la plus haute piété et
perfection qui se pourra et la faire fleurir

en toute connaissance spirituelle ; voulant, d'ailleurs, seconder les divines intentions des Souverains Pontifes ;

» Avons agréé la supplique dudit sieur Hugues Dufaur ;

» C'est pourquoi, après une sainte considération que nous avons faite des Bulles du Saint-Siége en faveur de cette salutaire confrérie ;

» Vu aussi le pouvoir que les Souverains Pontifes nous donnent de l'ériger, conformément à l'érection qu'ils en ont faite dans la ville de Rome et le désir tout céleste qu'ils ont qu'elle soit établie dans tout le christianisme ;

» Avons institué et instituons cette sacrée confrérie de la Doctrine chrétienne dans ladite chapelle de Notre-Dame de Maylis ;

» Voulant qu'elle soit dirigée et administrée selon les statuts que nous en donnerons à perpétuité par le directeur et les chapelains de ladite chapelle ;

» Mandons à tous les curés et vicaires
de notre diocèse de la vouloir publier dans
leurs églises, et d'instruire leurs paroissiens, tant en particulier qu'en public, des
grâces, faveurs, priviléges et indulgences,
dont elle est toute remplie ;

» Exhortons, par le plus pur amour de
Dieu, tous nos diocésains, de quelque condition, qualité et dignité qu'ils soient, de
se faire agréger dans cette dévote confrérie, pour pouvoir plus dignement faire leur
salut et se préparer un chemin plus assuré
pour aller inviolablement dans la gloire
éternelle, par les prières et exercices spi-
rituels qui s'y feront, et par les grâces et
indulgences qu'ils y pourront gagner.

» Donné au Mont-de-Marsan, le troi-
sième jour du mois de novembre mil six
cent soixante.

L'acte que nous venons de transcrire
porte la signature autographe et de plus le

sceau de M^gr de Sariac. Le temps a dévoré la cire rouge, et les armoiries sont indéchiffrables sur notre manuscrit. (1)

En exécution de ce mandement, le nom de Notre-Dame de Maylis retentit sur toutes les chaires du diocèse ; la sainte chapelle devenait comme le centre du mouvement religieux qui ramenait les âmes à la connaissance et à la propagation de la doctrine chrétienne.

(1) On sait d'ailleurs que les armoiries de la maison de Sariac étaient d'argent à une corneille de sable, becquée et membrée de gueules, au chef d'azur chargé de trois étoiles d'argent.

(*Armorial de la Gascogne.*)

# CHAPITRE X.

## STATUTS DE LA CONFRÉRIE DE LA DOCTRINE CHRÉTIENNE.

Bernard de Sariac, voulant établir son œuvre sur des bases durables, donna des Statuts à la Confrérie de la Doctrine chrétienne. Nous allons en rapporter le seul extrait qui ait échappé aux ravages du temps :

« L'institution de la sainte Confrérie de la Doctrine chrétienne n'est pas une in-

vention nouvelle dans l'Eglise; elle tire
son origine de Dieu même, qui a envoyé
son Fils sur la terre pour l'établir et pour
faire de tous les hommes des confrères de
cette divine société. C'est la vision mystérieuse du prophète qui dit : *Erunt omnes
docibiles Dei,* ils seront tous enseignés de
Dieu. De manière que nous devons regarder la promulgation de l'Evangile comme
le principal effet de cette institution et les
maximes adorables que le Sauveur a prê-
chées aux hommes comme vérités fonda-
mentales de cette doctrine éternelle qu'il
avait prise dans le sein de son Père, et
dans laquelle, comme dans la conduite de ·
sa vie, il a donné les moyens souverains
dont cette merveilleuse Confrérie doit
être érigée et administrée. Ainsi, comme
nous l'avons déjà établie dans la sainte
chapelle de Notre-Dame de Maylis, nous
désirons donner quelques pieux Statuts
pour la rendre incessamment florissante

en toute sorte de fruits de piété, de pénitence et de grâce. »

PREMIER STATUT.

« Puisque le Fils de Dieu est descendu
sur la terre pour établir cette divine
Confrérie, il en doit être reconnu comme
le souverain auteur. Ainsi tous les exercices de piété et de religion, qui se feront
dans la chapelle de Maylis, en faveur de
cette sainte société, seront faits dans
l'adoration et invocation du très adorable
nom de Jésus.

» C'est pourquoi Nous voulons qu'à
perpétuité, tous les premiers jours de l'an,
on fasse la grande solennité de la Confrérie et qu'on célèbre une octave où tous
les confrères tâcheront d'assister, selon
leur commodité.

» De plus, comme les saints apôtres ont
été les premiers confrères et promulga-
teurs de cette admirable institution avec

les saints évangélistes, les jours de leurs
festivités seront affectés aux solennités de
la Confrérie, comme aussi les jours de la
Transfiguration, de saint Jean-Baptiste, de
saint Laurent, de saint Etienne et de tous
les Saints. »

### SECOND STATUT.

« Les confrères de cette pieuse confraternité s'étudieront tous les jours à vivre
selon les divines règles du Sauveur; à
procurer continuellement la gloire de
Dieu par leurs saintes conversations et
par de louables exercices de piété et de
religion, et à attirer tout le monde par
leurs paroles et exhortations à s'instruire
des mystères de la foi et des vrais principes nécessaires au salut. »

### TROISIÈME STATUT.

« Mais afin qu'ils puissent plus sainte-
ment vivre devant Dieu et pour la plus

salutaire édification du prochain, ils éviteront, très soigneusement, toutes les moindres occasions du péché; fuiront toutes les mauvaises compagnies; ne s'adonneront pas aux jeux, aux cabarets, aux danses; tâcheront, avec zèle et ferveur, à en éloigner le prochain; fréquenteront les sacrements de Pénitence et d'Eucharistie, et ne manqueront pas, tous les matins, de faire le bon propos, et, tous les soirs, l'examen de conscience, et diront un *Ave Maria* pour le soutien et l'avancement de la Confrérie. »

### QUATRIÈME STATUT.

« Assisteront, le plus souvent que se pourra, aux prières, catéchismes, prédications, conférences, offices, messes, processions et solennités de la Confrérie, pour se rendre plus dignes de gagner des indulgences; et quand ils n'y pourront pas vaquer, ils y enverront ceux qui sont sous leur conduite.

» Et pour cet effet, les chapelains de Notre-Dame de Maylis ne manqueront pas de faire les offices solennellement tous les seconds dimanches du mois; feront la procession à vêpres en chantant les Litanies du saint Nom de Jésus, et, après les oraisons communes, diront l'oraison de la Confrérie, l'oraison de la paix et autres, selon les nécessités du temps et selon les ordres de l'autorité diocésaine. Et pendant que les prêtres feront ces prières, les confrères qui ne sauront pas lire diront trois fois le *Pater* et l'*Ave Maria,* à l'honneur de la Très Sainte Trinité, et selon les intentions des Souverains Pontifes pour gagner les indulgences; et, afin-qu'ils s'y rendent fidèles, un des chapelains les en avertira à haute voix.

» Enfin, chaque dimanche et fête de commandement, les chapelains feront une

prédication le matin , le catéchisme à vê-
pres; chaque jour de la semaine , sur le
soir, ils chanteront les Litanies de la Très
Sainte Vierge et , à la fin de l'oraison des
Litanies, diront celle qui est propre à la
Confrérie, *Defende* , *quæsumus*, *etc.* »

### CINQUIÈME STATUT.

« Conformément à l'érection que les
Souverains Pontifes ont faite de cette
pieuse Confrérie dans la ville de Rome, il
y aura dans celle de Notre-Dame de Maylis, outre le directeur et les chapelains, un
prieur, un sous-prieur et quatre assistants,
qui seront créés tous les premiers jours
de l'an par le directeur et les chapelains ,
du consentement des confrères , lesquels
prieur , sous-prieur et assistants auront
soin de maintenir la Confrérie et de lui
procurer tous les avantages possibles ,
considérant qu'elle est le vrai et solide
fondement de la vie chrétienne ; et ren-

dront compte des biens, dons et libéralités faits à la Confrérie, de trois mois en
trois mois, par devant le directeur et les
chapelains. »

Quand il faudra recevoir quelqu'un dans
la Confrérie, les prieur, sous-prieur et
assistants seront appelés à cette réception
et à la cérémonie. »

Ici finit le fragment des Statuts que
nous avons sous les yeux. La suite nous
aurait donné sans doute une série de sages instructions, de pieux règlements,
propres à enflammer et à diriger le zèle
des confrères et à répandre de toute part
la connaissance de la doctrine chrétienne.

Ainsi se formait à Maylis une ligue
pacifique contre l'ignorance, une sainte
croisade pour la propagation et pour la
défense de la vérité catholique. La Société
embrassait tous les rangs, toutes les

classes ; elle pénétrait dans les villes, elle descendait surtout jusqu'aux petits et aux humbles, et allait rechercher de préférence les âmes reléguées dans les obscurs travaux des champs.

Ces statuts , dont nous admirons la simplicité autant que la portée , nous montrent la fidélité de nos pères à remonter aux sources les plus pures de la tradition et à chercher des préceptes et des modèles dans les premiers âges de la foi. Nous voyons les populations se serrer avec amour autour du centre de l'unité catholique , recueillir avec soin les actes des Souverains Pontifes. Les Evêques eux-mêmes ne connaissaient point de moyen plus assuré de procurer le salut des peuples , que de propager dans leurs diocèses les institutions de Rome.

# CHAPITRE XI.

## DES INDULGENCES.

Nous ne discuterons pas ici l'authenticité des indulgences accordées à la Confrérie de la Doctrine chrétienne, et mentionnées dans le manuscrit qui nous a fourni les documents authentiques, fondement de notre travail. Nous ne rechercherons pas non plus, en ce moment, le nom des Souverains Pontifes qui ont fondé ou favorisé la Confrérie de la Doctrine

chrétienne, bien que nous pussions citer,
entre autres, le Pape Paul V et sa Consti-
tution du 6 octobre 1607. [r]

Nous mentionnerons d'abord les indulgences partielles qui se rapportent plus
spécialement à la propagation de la Doctrine chrétienne :

Les confrères qui assistent aux dispu-
tes, conférences et catéchismes, gagnent
cent jours d'indulgences ; les pères et mè-
res, les maîtres et maitresses qui condui-
sent leurs enfants, écoliers, serviteurs et
servantes au catéchisme, sept ans ; ceux
qui enseignent les rudiments de la foi, tant
en public qu'en particulier, cent jours ;
ceux qui vont par la ville pour inviter au catéchisme, sept ans ; ceux qui enseignent le
catéchisme dans les villages, chaque fois,
dix ans ; ceux qui étudient demi-heure ce
qu'ils doivent enseigner ou réciter au catéchisme, chaque fois, cent jours. Il y a
beaucoup d'autres indulgences partielles

pour la plupart des exercices de la vie
chrétienne.

Les indulgences plénières sont en grand
nombre. Le jour de la réception; à l'article de la mort; aux jours marqués des
fêtes mobiles; à certains jours déterminés dans chaque mois. Il y a aussi des
jours déterminés, auxquels on peut appli-
quer les indulgences à la délivrance des
âmes du Purgatoire.

Enfin, il est des indulgences non plénières, mais très considérables, qui peuvent être gagnées à certains jours fixés.
Que faut-il penser de ces indulgences à
long terme? Un décret de la Congrégation
des indulgences, sanctionné par Inno-
cent XI, le 7 mars 1678, révoque plusieurs
indulgences et en déclare d'autres fausses,
apocryphes ou nulles. Benoît XIV (*De sy-*
*noda diœcesana,* t. XIII, c. 18, n° 8), dit
qu'en général, les indulgences accordées
pour des milliers d'années sont des fic-

tions , et ne doivent point être attribuées
au Saint Siége. Le cardinal Tomasi, béati-
fié en 1803 , pensait que les Pontifes Romains n'accordent, pour l'ordinaire , que
des indulgences d'un petit nombre d'années; il regardait comme incroyables et
tout à fait impossibles, les indulgences de
plusieurs milliers d'années. Le P. Théodo-
re du Saint-Esprit, homme versé dans ces
matières, assure que malgré toutes les recherches il n'a pu trouver aucune indulgence partielle de plus de vingt ans. Celles
dont il avait vu les titres , depuis le XIVe
siècle jusqu'à son temps , vers le milieu
du XVIIIe siècle , répondaient aux canons
pénitentiaux et étaient depuis cinq jusqu'à vingt ans.

Il ne répugne pas cependant, dit Mgr
Bouvier, dans son *Traité des Indulgences,*
qu'il y en ait de plus longues , et on ne
pourrait, pour cette raison , rejeter les
indulgences partielles qui dépasseraient

vingt ans. Mais en cela même, il y aurait
motif suffisant pour examiner soigneusement leurs titres, surtout quand elles paraissent exorbitantes, comme celles de
dix, vingt, trente mille ans.

Nous nous contenterons de faire re-
marquer que le pieux et savant évêque
d'Aire, M<sup>gr</sup> Bernard de Sariac, qui établit
à Notre-Dame de Maylis la Confrérie de la
Doctrine chrétienne, publiait en 1660 que
les Souverains Pontifes avaient attaché à
cette institution des *indulgences immenses.*

# CHAPITRE XII.

## CONCOURS DES PEUPLES.

Notre-Dame de Maylis devint comme le centre religieux, non-seulement de la Chalosse, mais encore de tout le diocèse d'Aire. On y accourait même de tous les points de la province. Il y a lieu de penser que les premiers successeurs de M<sup>gr</sup> de Sariac continuèrent à favoriser les progrès de cette dévotion. En ces temps de foi, les immenses indulgences attachées à la Confrérie de la Doctrine chrétienne, la

solennité de son institution à Maylis, sa
promulgation dans toutes les églises du
diocèse, les exhortations des pasteurs ne
manquèrent pas d'amener dans les rangs
de l'Association une foule innombrable
de fidèles, dont la pensée, le cœur et la
prière se tournaient naturellement vers la
sainte Chapelle. Dieu reçut en ce lieu un
continuel sacrifice de louanges. Les exercices de piété s'y succédaient sans inter-
ruption; chaque jour, des prêtres zélés
distribuaient à une foule avide la parole de
Dieu; chaque soir, le chant des Litanies
réunissait aux pieds de Notre-Dame une
communauté fervente. Il s'établit à Maylis
une sorte de mission permanente : les documents écrits nous parlent de conversions continuelles qui s'y opéraient sous
le regard de Marie, Refuge des pécheurs.

Notre-Dame de Maylis était aussi la
Consolatrice des affligés et le Salut des in-
firmes. Toutes les douleurs humaines ve-

naient y chercher un adoucissement, et,
plus d'une fois, des guérisons miraculeuses récompensèrent la foi des pèlerins.

Les faits de ce genre ne furent pas rares
à Maylis, si nous nous en rapportons aux
traditions locales. Les anciennes archives
de la sainte Chapelle ne nous ont conservé
aucun de ces récits authentiques, aucun de
ces procès-verbaux qui abondent à cette
époque dans les annales de Notre-Dame de
Buglose. Hugues Dufaur avait transmis à
ses successeurs cet esprit d'humilité et
d'abnégation qui fut le fondement de son
œuvre. Les pieux chapelains de Notre-
Dame de Maylis, contents d'attirer les
regards de Marie sur leurs travaux, négli-
gèrent d'en perpétuer le souvenir, ou,
s'il nous laissèrent quelques traces écrites
de leur passage sur la terre, ces documents ont été anéantis, comme tant d'autres, par la Révolution. Mais nous pouvons attester que nous avons retrouvé

vivante, sur les lieux mêmes, la tradition des guérisons extraordinaires obtenues par l'intercession de Notre - Dame de Maylis.

Elle était regardée comme la sauvegarde du pays. Dans les calamités publiques, les populations se réfugiaient à l'ombre de son autel ; elles ont gardé le souvenir d'une grêle terrible qui écrasa la Chalosse, le 13 juin de l'année 1704. Les esprits consternés virent dans ce fléau un signe de la colère du ciel, et, pour en conjurer le retour, ils pensèrent qu'il n'y avait pas de moyen plus assuré que de consacrer le pays tout entier à la Mère du Lis, qui est aussi la Mère de la Miséricorde. Les paroisses formèrent le vœu d'aller tous les ans, en procession, à Notre=Dame de Maylis, le 13 du mois de juin, jour anniversaire de ce grand désastre.

Les fêtes principales du pèlerinage étaient le lundi de la Pentecôte et les grandes solennités de la Sainte Vierge. Alors le concours des peuples était immense. Les paroisses voisines venaient en corps, bannières déployées et au chant des saints cantiques ; on voyait les longues phalanges des pèlerins couronner les hauteurs, se dérouler sur le flanc des collines, serpenter au fond des vallées et de tous les points de l'horizon converger vers la sainte Chapelle. En ces jours solennels, son enceinte trop étroite ne pouvait contenir les masses toujours croissantes ; il fallait camper au dehors et dresser la tente au pied des ormeaux séculaires qui ornent encore la place publique, témoins survivants de ces pompes évanouies. Les veilles des grandes fêtes se passaient tout entières dans les exercices d'une tendre et naïve dévotion. Les tribunaux ordinaires de la réconciliation ne suffisaient point à l'empressement de la multitude ; les confesseurs, installés au pied des ormeaux , recevaient en plein air les aveux des pécheurs. Dès le matin, les messes se succédaient sans relâche, et la main des prêtres se fatiguait à distribuer le pain Eucharistique. La chaire s'animait aux accents d'une éloquence simple, ardente et populaire; la voix des missionnaires remuait profondément les âmes. Notre-Damé de Maylis souriait aux pieux transports de ses enfants; sa bonté secourable avait des consolations pour toutes les peines, des baumes pour toutes les blessures. Et ceux qui étaient venus tristes et abattus, les yeux mouillés de larmes, se retiraient contents et fortifiés.

Nous avons déjà fait observer que l'absence de documents écrits et le silence des traditions ont laissé des lacunes considérables dans les annales de Notre-Dame de Maylis. Nous savons que les travaux des chapelains ne se bornaient point aux soins du pèlerinage; ces fervents messagers de la parole divine se répandaient aussi dans les paroisses des alentours, et faisaient jouir le pays tout entier du bienfait des missions. La maison qui abrita la communauté à son origine porte des traces d'agrandissements successifs, et ces traces encore visibles attestent une ère de progrès.

C'est ainsi que la sainte Chapelle fut, après les jours de sa renaissance, une source abondante de grâces, la gloire de la Chalosse et la cause de sa joie.

# CHAPITRE XIII.

## NOUVEAUX DÉSASTRES, NOUVELLES ESPÉRANCES

Les œuvres les plus pures ne sont point à l'abri des vicissitudes humaines. Il y eut dans la succession de Hugues Dufaur des interruptions douloureuses. Soit que la ferveur des premiers temps se fût ralentie, soit que les germes d'affaiblissement et de ruine que nous avons signalés dans les institutions de Maylis eussent produit à la longue le résultat prévu, un siècle ne s'était pas écoulé, que la sainte

3*

Chapelle nous apparaît veuve de ses enfants. En 1754, époque de la visite pastorale de Mgr de Gaujacq, évêque d'Aire, les offices solennels n'y étaient plus célébrés qu'aux grandes fêtes de la Très Sainte Vierge. La prière, les chants du soir avaient cessé; la chaire ne rendait plus que de rares accents. Le silence régna de nouveau sur la sainte colline. Seules, les populations fidèles protestaient contre ce délaissement, en continuant de venir prier aux pieds de Notre-Dame de la Chalosse.

Le dix-huitième siècle tendait à sa fin; le souffle de l'incrédulité avait refroidi la charité dans les âmes; des doctrines subversives de tout ordre moral et religieux, en propageant le mépris de Dieu et la corruption des mœurs, avaient sapé toutes les bases des sociétés humaines et préparé ce vaste bouleversement où allaient périr toutes les institutions du passé.

Tombé une première fois, mais réparé

par des mains pieuses , le Sanctuaire de Maÿlis ne pouvait échapper aux outrages de la Révolution. L'impiété passa là comme partout , en entassant les ruines. A la restauration du culte , la sainte Chapelle redevint l'obscure annexe de Larbey; toutes ses institutions avaient disparu dans la tourmente; ses domaines étaient confisqués, ses trésors anéantis ; la maison des chapelains avait passé en des mains étrangères. Les modestes enfants de Hugues Dufaur ne revinrent plus s'asseoir dans leurs stalles abandonnées. Cependant les fidèles n'avaient jamais déserté entièrement l'autel de Notre-Dame, et quand des jours meilleurs se levèrent sur la France , quelques paroisses reprirent le chemin de Maylis.

Nous visitâmes, il y a quelques années, avec un respect mêlé d'émotion, cette terre de miracles. Nous nous plaisions à exhumer par le souvenir les scènes émouvantes du

passé. Autour de nous, c'étaient bien les
mêmes horizons, les mêmes perspectives,
toujours fraîches, riantes, enchantées; les
mêmes ombrages qui avaient abrité les
générations du passé; les mêmes chaînes
de collines qui avaient tressailli au nom
même de Marie; les mêmes vallons aux
contours sinueux, qu'avaient suivis des
flots de pèlerins; les mêmes échos tour à
tour éveillés par des cris de douleur ou
par des chants de joie. Rien n'était changé
dans la nature; mais que de bouleversements la Révolution avait opérés parmi les
hommes! Les pèlerins, le mouvement, les
chants, la vie, tout cela était absent. Et
maintenant, autour de Notre-Dame, toujours assise sur son côteau béni, la scène
était muette, immobile et sans âme. De
toute part le silence; mais le silence est
encore un langage. Notre regard interro-
geait tour à tour et le vert gazon qui au
dehors émaillait la demeure des morts, et

les dalles glacées qui au dedans cachaient
peut-être des tombes illustres. Là , sans
doute , dormait ignoré des hommes plus
d'un apôtre qui avait passé en gagnant des
âmes à Dieu. Il nous sembla tout à coup que
la grande figure de Hugues Dufaur se dres-
sait devant nous et que sa main s'allongeait
vers Notre-Dame de Maylis. Etait-ce pour
montrer le chemin de son cœur ou pour
exprimer un reproche ? Nous ne saurions
le dire. Montrer Notre-Dame de Maylis, si
grande dans le passé, et maintenant presque sans honneur et sans culte , n'était-ce
pas accuser le présent ?

A cette pensée , nous sentîmes le poids
d'une immense tristesse , comme si nous
avions porté seul le crime de nos contem-
porains. Emu, attendri , nous tombâmes à
genoux aux pieds de Notre-Dame , et nous
lui fîmes , pèlerin inconnu , amende ho-
norable pour le long oubli que les hommes
avaient laissé peser sur son Sanctuaire.

Nous la conjurâmes , avec larmes , de se souvenir de ses anciennes miséricordes et de manifester elle-même sa gloire par de nouveaux prodiges.

Nous savons que les œuvres de Dieu ne meurent pas, et que lorsque sa main a laissé tomber un germe sur un point béni de la terre, ce germe est indestructible. Il peut subir des altérations, des défail lances, une mort apparente ; mais, quand tout semblait perdu, le jour de la réparation est marqué dans les conseils de la Providence.

Il est facile d'entrevoir les signes d'une restauration prochaine.

# CHAPITRE XIV.

## SOURCE DE GRACES.

Nous avons dit que Notre-Dame de Maylis a toujours été considérée comme le refuge des populations qui l'entourent. Dans
toutes les crises difficiles qu'elles ont tra-
versées, elles ont cherché protection et
appui auprès de la douce Reine de la Chalosse. Les paroisses de Doazit, Larbey,
Montaut, Brocas, Saint-Cricq, Saint-Aubin,
Serreslous, se rendent tous les ans en
procession à la sainte Chapelle. Nous ci-

terons quelques exemples des grâces extraordinaires obtenues par la foi des pèlerins.

## I.

En 1855, lorsque le choléra multipliait ses ravages dans le département des
Basses-Pyrénées et des Landes, M. le curé
de Montaut, alarmé sur le sort de son peuple, le consacra, par un vœu public, à
Notre-Dame de Maylis. Le fléau passa,
personne ne fut atteint. Quelque temps
après, la paroisse tout entière s'achemi-
nait, avec toute la pompe de la religion,
vers le Sanctuaire de Marie. La main du
pasteur, au nom de ses ouailles préser-
vées, suspendait au cou de la Vierge libé-
ratrice, un cœur en vermeil, portant cette
inscription : « *A Notre-Dame de Maylis,
Montaut reconnaissant,* 1er *octobre* 1856.»

Après ce miracle de protection publique, voici quelques exemples de guérisons particulières.

Nous puiserons la plupart de nos récits dans les procès-verbaux rédigés par M. Piraube, curé de Maylis, délégué par Monseigneur l'évêque d'Aire, à l'effet de recueillir et constater les grâces miraculeuses obtenues soit à la chapelle, soit à la fontaine de Notre-Dame.

## II.

Un vieillard octogénaire, Jean Lailheugue, de Maylis, était affligé, depuis plusieurs années, de douleurs rhumatismales qui lui causaient une raideur et une agitation continuelles des bras et des mains, au point qu'il ne pouvait ni s'habiller, ni même faire le signe de la croix. Cet état se compliquait presque tous les jours de contorsions violentes, horribles, accompagnés d'un tremblement général dans les membres; la face se déplaçait alors et prenait une direction latérale. En l'absence même de ces crises effrayantes, l'une des mains était devenue tellement raide depuis quelque temps, qu'elle ne pouvait tenir ni un bâton ni un objet quelconque.

Dans sa détresse, l'infortuné vieillard se décida à recourir à Notre-Dame de Maylis. C'était au mois d'août de l'an 1858. Arrivé à la fontaine miraculeuse, il se prosterna comme il put devant la statue de Marie Immaculée, lui exposa ses souffrances, et alla se laver à la source. Au bout de trois ou quatre minutes, son agitation cesse, ses douleurs disparaissent; plus de tremblement, plus de convulsions. Lailheugue se relève guéri. Sa déclaration a été recueillie le 27 mars 1861, par M. Piraube, curé de Maylis, assisté de M. Louis Duplantier, instituteur communal, en présence de quatre témoins, signés au procès-verbal avec J. Lailheugue.

## III.

Dans l'année 1855, Jean Biella, de May-lis, alors âgé de trois ans, fut atteint aux yeux d'une affection grave, étrange, instantanée, dont on n'a pu déterminer la cause; les yeux malades se fermèrent irrésistiblement, comme s'ils eussent éprouvé le besoin de s'enfoncer dans leurs orbites; aucun effort ne pouvait les maintenir ouverts. Le contact du moindre rayon de lumière leur causait d'insupportables douleurs. L'enfant y tenait ses petites mains continuellement appliquées; et, autant qu'on le lui permettait, il eût voulu rester couché, les yeux collés sur un matelas. Ce mal singulier dura onze jours. Pendant ce temps, on épuisa tous les moyens de guérison; tout fut inutile. Les parents inconsolables manifestèrent, en

présence de l'enfant, la pensée de le porter à Notre-Dame de Maylis. A ces paroles,
l'enfant parut tressaillir de bonheur; il
témoigna le désir d'aller au plus tôt à la
sainte Chapelle. Le jour où s'exécuta ce
pieux dessein, les pèlerins venus en procession d'une paroisse voisine étaient nom-
breux à Maylis.

La mère, portant l'enfant dans ses bras,
s'avançait vers l'autel de Notre-Dame; à
peine eut-elle mis le pied sur le parvis du
Sanctuaire, que le jeune malade s'écria :
« Je vois. » Il voyait, en effet, les personnes qui étaient dans l'église. Ses yeux venaient de s'ouvrir, subitement guéris. Telle
est la déclaration faite le 15 mai 1861, par
les parents de l'enfant, Jean Biella et Jeanne St-Genez, personnes recommandables
et très dignes de foi, en présence de Louis
Duplantier, instituteur communal, et de
trois autres témoins, signés au procès-
verbal avec le père de l'enfant.

## IV.

Madeleine Dutoya, née Candau, de la paroisse de Saint-Aubin, rend elle-même compte de sa guérison en ces termes :

« Depuis trois semaines, j'éprouvais dans les flancs des douleurs violentes, et dans les jambes une si grande faiblesse, que je pouvais à peine faire quelques pas dans l'intérieur de la maison. Lorsque je voulais aller aux champs, j'étais forcée de m'arrêter à moitié chemin, de m'asseoir sur la terre nue, et je me prenais à pleurer. Je conçus alors la pensée de me recommander à Notre-Dame de Maylis. J'allai entendre la messe dans son église ; de là, je me rendis à la fontaine où tant d'autres trouvèrent leur guérison. Mes douleurs persistèrent, et je continuai à ressentir la même faiblesse. Une longue maladie vint compliquer cette triste situation. Dans ma détresse, je formai encore le

4

dessein de revenir à Maylis. Je m'y rendis
à cheval, un jour de dimanche, vers la fin
de juillet 1859. Je me fis accompagner par
ma sœur à la fontaine miraculeuse. Là,
nous récitâmes ensemble, avec toute la
dévotion dont nous étions capables, les
Litanies de la Très Sainte Vierge. Je lavai
mes jambes, et je rentrai chez moi. Et
voilà que le lendemain au soir, je sentis
tout à coup mes jambes guéries et délivrées de cette faiblesse extrême que j'é-
prouvais depuis huit ou neuf mois ; mes
douleurs s'évanouirent et n'ont plus repa-
ru. J'ai fait un nouveau pèlerinage à Notre-
Dame de Maylis, pour lui témoigner ma
reconnaissance, et mon intention est d'y
retourner encore. »

Cette déclaration a été recueillie le 19
juin 1861, par M. Faudouas, curé de Saint-
Aubin, qui fait ressortir, dans son procès-
verbal, la candeur, l'ingénuité et la ferme
conviction de Madeleine Dutoya.

## V.

Jeanne-Marie Fauthoux, de la paroisse de Montaut, éprouva depuis l'âge de six mois des vomissements fréquents et une diarrhée pernicieuse qui minèrent bientôt ses forces et la conduisirent rapidement aux portes de la mort : la tombe avait déjà reçu deux de ses jeunes frères, emportés dans les mêmes circonstances. Sa pauvre mère voyait avec effroi se reproduire les symptômes du mal qui avait fait à son cœur une double blessure encore saignante. Inquiète, éperdue, elle prend sa chère petite malade dans ses bras et va la placer sous la protection de Notre-Dame de May-lis. La douce consolatrice des affligés entendit sa prière. Dès ce moment, Jeanne-Marie, qui avait alors neuf mois, se trouva mieux : tous ses maux disparurent, suivant la déclaration que son père et sa

mère firent, en présence de M. le curé de
Maylis, le 22 août 1861, un an après la
guérison

## VI.

Marie Germès, de Bagnères-de-Bigorre, sentit, dès l'âge de huit ans, sa vue
faiblir sensiblement ; elle ne pouvait lire
ni travailler a l'aiguille, sans le secours
des lunettes, et, malgré ce secours, le mal
avait fait de tels progrès, qu'à l'âge de
dix-sept ans elle ne pouvait presque plus
ni lire, ni travailler. Ses yeux n'apercevaient plus que des ombres. Elle employa,
sans succès, l'eau de Notre-Dame de
Lourde, qui a été pour tant d'autres l'instrument de guérisons miraculeuses. Dans
le mois d'août 1860, Marie Germès vint à
Saint-Cricq (Chalosse), pour voir une de
ses amies, née à Bigorre, comme elle. On
lui parla de Notre-Dame de Maylis ; il fut

résolu qu'on irait implorer sa protection.
Des prières ferventes étaient faites dans
ce but. Marie Germès les secondait de son
mieux, en suppliant son aimable patronne
de lui manifester la volonté du ciel, si elle
obtenait sa guérison. Elle se rendit en
pèlerinage à Maylis, accompagnée de son
amie et de trois Servantes de Marie. Le
saint sacrifice fut offert à son intention;
c'était le moment de la miséricorde. Marie
sentit comme un nuage qui se dissipait
devant ses yeux; sa joie était au comble,
mais elle n'osait trop la laisser éclater au
dehors. Pour mieux s'assurer de la faveur qu'elle venait d'obtenir de la bonne
Vierge de Maylis, arrivée à son domicile,
elle prit l'ouvrage qu'elle pouvait à peine
regarder la veille; elle le considéra atten-
tivement et y travailla sans la moindre
difficulté; ses yeux lisaient les caractères
les plus menus. « Je sentis alors, ce sont
» ses propres expressions, la reconnais-

» sance que je devais à la Très Sainte
» Vierge, que je n'ai pas manqué de re-
» mercier tous les jours, et que je conti-
» nuerai de remercier toute ma vie. »

Ces détails sont extraits d'une lettre
écrite par Marie Germès elle-même, et du
procès-verbal qui fut dressé à Saint-Cricq,
le 1er février 1861, sur sa déclaration, par
M. le curé de Maylis, assisté de M. Caze-
nave, curé de Saint-Cricq, et de M. l'abbé
Dubroca, ancien professeur de rhétorique,
qui ont signé le procès-verbal avec Marie
Germès et sa mère Jacquette Germès;
avec sœur Marie-Pierre-Damien et sœur
Marie de la Croix, Servantes de Marie,
institutrices à Saint-Cricq.

## VII.

Nous parlerons ici de deux jeunes
sœurs, nommées l'une et l'autre Jeanne
Vergez, âgées, la première, de onze ans,

la seconde, de neuf, et domiciliées à Mugron.

Au mois de novembre 1860, la plus
jeune de ces enfants tomba en syncope;
l'évanouissement ne dura pas moins d'une
heure. Un mois plus tard, elle retomba
dans cet état et ne reprit ses sens qu'une
ou deux heures après. Dès lors ces crises
devinrent plus fréquentes et se renouvelè-
rent successivement au bout de trois semaines, au bout de quinze jours, au bout
de huit jours, et enfin tous les jours. Tous
les accès se ressemblaient et duraient d'une
à deux heures. Il n'y avait ni convulsions,
ni gestes effrayants; c'était un sommeil
léthargique que rien ne pouvait inter-
rompre.

La sœur aînée, vers la Noël de 1860,
devint la proie de la même maladie, qui
suivit la même marche, les mêmes inter-
mèdes, les mêmes apparences et la même
durée.

Le 6 du mois de juin 1861, les parents
alarmés portèrent ces enfants à Notre-
Dame de Buglose, et, un mois après, à
Notre-Dame de Gondosse. Le mal durait
toujours. Enfin, pendant l'octave de l'Assomption, on vint présenter ces enfants à
Notre-Dame de Maylis. Dieu voulut-il ré-
compenser tout à la fois ce triple pèlerinage, ou faut-il attribuer plus spécialement à Notre-Dame de Maylis l'honneur de
cette double guérison? Ce qu'il y a de certain, c'est que, peu de jours après la visite à Maylis, les deux jeunes sœurs étaient
délivrées de leur infirmité, et la guérison
se soutenait encore au 6 novembre 1861,
jour où M. le curé de Maylis reçut ces détails de la bouche de la grand'mère de ces
enfants, qui les avait conduites à Maylis
en actions de grâces.

## VIII.

« Je soussigné, Jean Despiau, né à Doazit, et demeurant à Montaut, pour suivre, en qualité d'élève instituteur, le cours de l'Ecole communale de cette localité, déclare et certifie ce qui suit :

» Je fus pris, en novembre 1860, de rhumatismes articulaires qui envahirent successivement mes hanches, mes genoux, mes poignets, mes épaules et ma poitrine. Je souffrais encore et ne pouvais pas plier les genoux, lorsque, le 10 juin dernier, j'allai me laver à la fontaine de Notre-Dame de Maylis. Dès que je fus lavé, je pus me mettre à genoux pour prier Dieu et bénir la Sainte Vierge devant la fontaine. J'y revins trois autres fois, et je me sentis complètement guéri. La dernière fois, le 29 juin, j'allai de la fontaine à l'église de Notre-Dame de Maylis pour remercier la

Sainte Vierge, devant son Image miraculeuse.

» Depuis lors, je vais de mieux en mieux et je fais tous les jours quatre kilomètres à pied pour fréquenter l'école.

» En foi de quoi, pour l'intérêt de la vérité et pour glorifier Notre-Dame de Maylis, j'ai signé la présente déclaration.

» A Montaut, le 17 août 1861.

» DESPIAU. »


IX.


Armande Castera, de Montaut, fut atteinte, en 1856, d'une dyssenterie maligne, compliquée d'une fièvre typhoïde du caractère le plus dangereux. En vain on épuisa les ressources de l'art : tout fut inutile. La jeune malade était à toute extrémité. Sa mère alarmée, n'attendant plus rien de la terre, chercha un dernier secours dans la bonté toute puissante de Notre-Dame de Maylis.

Les médecins jugeaient le mal incurable, et toutes les autres personnes, en grand nombre, qui furent atteintes de la même épidémie dans le village, succombèrent; seule, Armande échappa à la mort. Sa mère reconnaissante a fait tous les ans, depuis 1856 jusqu'à 1861, un pèlerinage d'actions de grâces à Notre-Dame de Maylis.

Ces faits résultent des déclarations signées de M. et de M^{me} Castera, parents de l'enfant, en date du 18 juillet 1861.

*(Archives de la sainte Chapelle).*

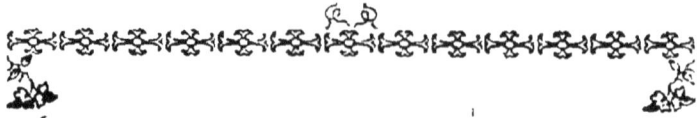

# CHAPITRE XV.

## UNE VISITE ÉPISCOPALE A NOTRE-DAME DE MAYLIS.

Le 24 avril 1860, M<sup>gr</sup> L.-M.-O. Epivent, évêque d'Aire , en cours de visite pastorale, arrivait, pour la première fois, à Notre-Dame de Maylis. Nous laisserons l'auguste prélat traduire lui-même, dans cette langue pleine de mouvement et de poésie qui lui est familière, les inspirations qu'il ressentit en foulant cette terre de miracles.

« Nous avons visité avec amour et tristesse cette protectrice de notre ancien diocèse. Nous lui avons raconté nos vœux et nos espérances avec le même abandon que tant d'évêques, nos prédécesseurs. Son nom est plein de charmes, Maylis, la Mère des lis, la Mère de toute pureté. Les arbres tant de fois séculaires qui ont ombragé les pèlerins d'un autre âge étaient toujours là, debout, comme des sentinelles veillant à la garde d'une reine. L'un d'eux pourtant venait d'être brisé, et, sur le tronc renversé, nous repassions l'histoire de la sainte Chapelle, que venait de nous apprendre une touchante notice. De là, nous apercevions l'ouverture de la vallée où est la fontaine miraculeuse qui se rencontre si souvent près du Sanctuaire de Marie, tant il y eut toujours de mystérieuses harmonies entre Marie, le cristal de l'eau et la grâce. Il nous semblait assister à ces imposantes assises présidées par Bernard de Sariac, seigneur-évêque d'Aire et de Ste-Quitterie. Le pontife s'était rendu tout exprès sur les lieux, et y avait tenu son lit de justice, *pour constater les opérations extraordinaires de la grâce, dont le bruit s'était répandu dans tous les diocèses voisins, et dont la Vierge de Maylis avait été la médiatrice!* (1) Nous replacions dans l'assemblée le saint prêtre Hugues Dufaur, apôtre de la Vierge miraculeuse; Raymond de Cez, le pasteur de Larbey et Maylis son annexe; le noble Sarran de Foix de Candale, seigneur de Doazit et bienfaiteur de la Chapelle; tous les apôtres de la Doctrine chrétienne, dont la mission était d'évangéliser la Chalosse, d'accueillir les pèlerins, d'entendre leurs confessions et de leur distribuer le pain Eucharistique.

» Grand Dieu! Comme le dénûment du Sanctuaire contraste maintenant avec sa gloire passée! Quelle pauvreté, quel déla-

(1) Mandement de Mgr de Sariac, du 25 septembre 1660.

brement, quelle solitude! Et pourtant le bras de N.-D. de Maylis *ne s'est pas raccourci.* (1) Elle répand des grâces toujours anciennes et toujours nouvelles sur ceux qui viennent la visiter; et si nous avons remarqué des fronts si purs, si modestes, dans ces longues files d'adolescents et de jeunes vierges qui venaient nous demander de les *revêtir de la force d'en haut* (2); si nos bras, comme ceux de Moïse, se lassaient à nourrir les convives de la Table Sainte, nous l'attribuons toujours à vous, ô Vierge de Maylis ! Les générations qui naissent et qui meurent autour de votre Sanctuaire, c'est vous, ô Mère admirable, qui les conservez toujours belles comme la fleur des champs, toujours pures comme le lis des vallées ! (3)

» Nous nous reportons avec amour vers le jour où, des hauteurs de Maylis, la main

(1) Isaïe, liv. IX.
(2) Luc, XXIV, 49. — (3) Cant. II, 1.

du pasteur (1) qui veille sur le Sanctuaire nous montrait tout à l'entour la demeure de ses chères ouailles, dont les toits jaunes apparaissent de loin, aux yeux inhabitués de l'étranger, comme des ruches d'abeilles, çà et là disséminées parmi les fleurs. Sa voix nous demandait de les bénir. Nous bénissions en même temps le projet de restaurer le pèlerinage de Notre-Dame de Maylis, de rebâtir sa vieille église, d'en relever les murs qui tombent, la toîture qui s'affaisse, et sa tour ouverte, où le vent passe en gémissant, comme à travers un cyprès. Oui, de grand cœur, nous bénissons tout ce qui ravive parmi nous les gloires éclipsées de Marie, tout ce qui favorise l'élan des peuples vers un Sanctuaire où se renouvellent de nos jours les antiques merveilles. N'a-t-on pas vu naguère l'impitoyable choléra reculer devant la Vierge de Maylis? Ne voit-on pas

(1) M. Piraube, curé de Maylis.

encore des paroisses payer chaque année
ce tribut qu'elles doivent à ce Sanctuaire,
en échange de quelques anciens miracles?
Et tous ceux qui tournent leurs regards
avec confiance vers cette montagne, ne se
sentent-ils pas consolés, guéris, fortifiés
et sauvés? Courage donc, hommes de dé-
sirs (1); courage, prêtres et fidèles de la
Chalosse, pitié pour la Vierge de Maylis!
Qui sait si Marie n'attend pas la restauration de son Sanctuaire pour faire cesser le
fléau qui ravage vos vignes? Nous savons
bien quelque chose de vos *anciennes miséricordes* (2), ô Notre-Dame de Maylis! Mais
qui peut mesurer l'étendue de votre charité dans l'insondable abîme de l'avenir?

» Et comment les Pontifes refuseraient-
ils assistance, bénédiction et actions de
grâces à ces âmes dont la piété tendre
cherche à relever les Sanctuaires de Marie,
que l'impiété a renversés en blasphémant

(1) Daniel, ix, 23. — (2) Ps. 88-50.

ou que le temps démolit en silence. Ces Sanctuaires ne sont-ils pas les vraies forteresses qui protègent les diocèses heureux de les posséder? N'est-ce pas là que Marie tient ses grandes audiences et distribue ses insignes faveurs? Ne voyez-vous pas les Evêques de notre province déposer là ce qu'ils ont de plus cher, pour le confier à la garde de Marie? Là, ils suspendent, avec leurs établissements les plus utiles, le berceau du sacerdoce; là, ils cachent dans le cœur de Marie ces générations naissantes, le doux espoir de l'avenir, comme l'oiseau va cacher le nid de ses petits dans les forêts ou sur les montagnes, loin des regards dangereux et des approches meurtrières des méchants.

» Ainsi ont pensé, ainsi ont agi nos vénérés prédécesseurs. » (1)

(1) Lettre circulaire de Mᵍʳ l'Evêque d'Aire et de Dax sur le culte de la T. S. Vierge dans le Midi de la France, du 5 août 1860.

# CHAPITRE XVI.

## AVENIR DE NOTRE-DAME DE MAYLIS.

Une ère nouvelle commença pour Notre-Dame de Maylis en 1847, époque de son érection en succursale. La sainte Chapelle reprenait sa vie propre. Un prêtre résida sur les lieux, avec la charge d'accueillir les pèlerins et de renouer la chaîne des traditions.

Ces premiers commencements furent pleins d'instabilité. Plusieurs curés se succédèrent rapidement sans résultats sensibles. Enfin un homme vint (1) qui, ne prenant conseil que de sa foi et de son zèle, osa concevoir un grand dessein; mendiant volontaire, il sollicita les dons des fidèles, amassa des ressources, paya de sa personne; et par de rudes travaux, infatigable pionnier, prépara les voies aux futurs missionnaires de Notre-Dame de Maylis. Il ne sera au terme de ses labeurs que lorsqu'il sera parvenu, par ses efforts persévérants, à rendre son concours inutile, en léguant à un corps constitué une œuvre multiple que des forces individuelles ne pourraient mener à fin.

Ici, tout est à créer. La chapelle, par ses proportions vulgaires, ne répond plus à la foi des pèlerins; les âmes ferventes appellent de tous leurs vœux un monument en rapport avec la grandeur de son objet. La nouvelle église s'élèverait à la place de

(1) M. Piraube, curé actuel de Maylis.

l'ancienne, sur le côteau privilégié qui a
mérité le choix de Marie : un instinct na-
turel nous ramène vers les lieux que le
ciel a marqués du sceau de son interven-
tion, et que sanctifièrent le respect et les
larmes de nos pères. Le pays qui s'était
déjà consacré à Notre-Dame de Maylis,
après les grands désastres de 1704, serait
invité à renouveler, par un vœu général,
sa consécration à la douce Reine de la
Chalosse, en demandant des temps meilleurs à son intercession, et en plaçant une
fois de plus et les personnes et les champs
et les plantes malades, sous la sauvegarde
de sa miséricorde.

Autour de Notre-Dame de Maylis se
rangeraient naturellement les institutions
destinées à seconder les progrès du pèlerinage. L'œuvre nouvelle ne serait que
l'extension et le développement de l'œuvre de Buglose, qui resterait toujours le
centre principal des missions diocésaines.

Un essaim de Missionnaires, abeilles diligentes sorties de cette ruche féconde, se répandraient dans les paroisses de la Chalosse, voleraient au secours des pasteurs fatigués ou malades, multiplieraient les fruits des missions et des retraites, rehausseraient par la prédication l'éclat des grandes solennités, et après les travaux d'une riche moisson viendraient se reposer sous le regard de Notre-Dame. Une annexe de la maison de Retraite de Buglose recueillerait, sous un ciel plus pur, les invalides du clergé que le climat des Landes ne pourrait satisfaire. Une famille de vierges chrétiennes, vouées à l'éducation des enfants et au soin des malades, ne tarderait pas à se grouper sous le patronage envié de Notre-Dame du Lis.

Les stations d'un Calvaire pourraient facilement s'échelonner sur les flancs de la sainte colline, comme Betharram; rien n'empêcherait de les disposer sous des massifs de verdure, en grottes pleines de recueillement et de mystère, à l'exemple de celles qui existaient autrefois à Verdelais.

De ces hauteurs favorisées du ciel, l'œil du pèlerin découvrirait à la fois les steppes arides de la lande et les riants côteaux de la Chalosse ; et les deux églises de Maylis et de Buglose se dresseraient comme deux sœurs jumelles, destinées à glorifier la même Mère dans un commun amour, et à abriter les mêmes besoins, les mêmes espérances sous la double égide de la même protection.

Que faut-il pour la restauration complète de notre pèlerinage ? Trois choses, ou, si l'on veut, trois hommes : un Bernard de Sariac, un Hugues Dufaur, un Sarran de Foix de Candale ; un évêque, un apôtre, un bienfaiteur. Ces trois éléments seraient-ils introuvables ?

Dieu a donné au diocèse d'Aire un pré-

4*

lat, zélé promoteur des œuvres catholiques, noblement jaloux de marcher sur
les traces de ses prédécesseurs et de continuer cette succession de grandes choses
qui ont marqué leur passage.

Nous ne connaissons pas le Hugues Dufaur de notre époque ; mais au jour fixé
dans les desseins providentiels, l'évêque
n'aura qu'à le désigner du doigt, et il ap-
paraîtra aux yeux de tous, marqué du
sceau de Dieu. Un puissant bienfaiteur
serait-il plus difficile à trouver ? Au besoin,
si d'autres manquent, ce bienfaiteur at-
tendu sera tout le monde.

Quoi qu'il en soit, le grain de senevé est
maintenant semé dans les âmes ; il y fruc-
tifiera par la grâce de Dieu et la faveur de
la Mère du Lis.

FIN.

# NOTES.

## NOTE A.

Saint Sever et Saint Géronce, plus connu sous
le nom de Saint Girons, étaient deux Vandales
convertis qui brûlaient de répandre leur sang
pour le nom de Jésus-Christ. Ils s'étaient adjoint
cinq compagnons, dignes imitateurs de leur zèle,
nommés Justin, Clair, Polycarpe, Jean et Crépin.
Avec eux ils avaient visité les Saints Lieux, et
de là étaient venus à Rome. Après qu'ils eurent
largement abreuvé leurs âmes aux sources mêmes de la foi, ils reçurent mission du Pontife

Romain d'aller évangéliser les Gaules. Les fruits de leur apostolat y furent d'autant plus abondants, qu'ils confirmaient par les miracles la vérité de leur doctrine. C'était vers l'an 409.

Les Vandales s'étaient répandus comme un torrent dans l'Aquitaine. Déjà ils avaient taillé en pièces, près de Saint-Sever, une armée de vingt mille hommes tumultuairement assemblée pour arrêter leurs ravages. Une des hordes victorieuses se présenta devant le château de Palestrion, où se trouvait saint Sever avec le chef du pays, que sa parole avait enfanté à la foi. La résistance était sans doute impossible. Saint Sever alla au-devant des barbares, et, victime volontaire, donna sa tête pour les siens. Sur le sol consacré par son sang les chrétiens bâtirent une église où furent déposés les restes du martyr. Autour de l'église s'éleva un premier monastère que détruisirent les *Français ennemis*, disent les chroniques locales.

Le pays qui avait défendu avec tant de vigueur sa nationalité et son indépendance contre les descendants de Charlemagne, eut à lutter bien-

tôt contre de nouveaux ennemis. Sous le gouvernement de Guillaume Sance, les Danois ou
Normans, qui avaient déjà saccagé les plages
maritimes de l'Aquitaine, entrèrent dans la Gascogne, faisant leur descente vers Capbreton, avec
dessein de mettre au pillage toutes les terres
appartenant à ce duc par droit héréditaire,
comme il l'écrit lui-même en la charte de fondation de Saint-Sever. Ayant levé des troupes les-
tes et courageuses parmi les Gascons ses sujets,
pour se défendre et pour chasser les ennemis de
ses états, ce prince, aussi religieux que brave,
désirant obtenir les faveurs de Dieu en une si
juste guerre, mit les genoux à terre pour implorer son secours, et se tenant en cette posture
devant le tombeau de saint Sever martyr, lui
demanda l'assistance de ses prières contre une
nation infidèle, faisant vœu de laisser sa terre
sous sa protection et d'ériger un magnifique monastère en son honneur, au lieu où était alors sa
petite chapelle, s'il obtenait la victoire. Après
cette prière et ce vœu, il attaqua les Normans
dans les plaines — qui furent peut-être celles de

Souprosse — et en fit un si grand carnage que,
plus d'un siècle après, s'il fallait en croire les
Cartulaires de Condom, on y trouvait plus d'ossements blanchis que d'herbes verdoyantes.

Cette victoire délivra pour toujours nos contrées de ces hordes dévastatrices; elles n'osè-
rent plus se montrer sur des plages si vaillamment défendues. Le ciel était visiblement inter-
venu. Le duc avoua que le très glorieux martyr
saint Sever, dont il avait imploré le secours, parut en cette bataille sur un cheval blanc, avec
des armes étincelantes, abattant et tuant ces dé-
sespérés corsaires. Il fit lui-même le récit de ce
combat et de sa victoire, en même temps que de
cette apparition de saint Sever, en la charte de
fondation du monastère qu'il bâtit en l'honneur
du saint martyr. Ce monastère, placé sous la rè-
gle de saint Benoît, fut inauguré avec beaucoup
d'éclat, en présence des archevêques d'Auch et
de Bordeaux, et de tous les évêques et seigneurs
de la Gascogne. Le duc donna à la nouvelle
abbaye de larges franchises et toutes ses terres
des rives de l'Adour à celles du Gabas, y com-

pris son château de Palestrion avec toutes ses
dépendances (963).

Ce monastère fut le berceau de la ville de St-
Sever, nommée Cap de Gascogne, soit qu'on
l'ait considérée comme la tête de la frontière du
Béarn, soit qu'elle ait été jadis la capitale des
Gascons, comme quelques-uns le prétendent et
comme sembleraient l'indiquer son château de
Palestrion, séjour ordinaire des comtes ou ducs,
et l'usage de tenir dans son sein les assises de la
Novempopulanie, même du temps des rois d'Angleterre. C'était à l'abbé de St-Sever qu'appartenait le droit de convoquer et réunir ces assem-
blées.

Nous remarquons sur la liste des abbés de St-
Sever : Sauveur, son premier abbé, homme re-
commandable par sa sainteté, nommé par le duc
Guillaume-Sance (1008); Grégoire de Montanet,
longtemps élevé à l'école de Cluny (1028);
Raymond d'Arboucave (1107); Garcias de Na-
vailles, qui concéda aux habitants le droit de
bâtir un hôtel de ville, et qui, harcelé dès-lors
par les mutineries des bourgeois, ne put conser-

ver son pouvoir qu'en le partageant avec le roi
d'Angleterre (1262) ; Jean de Cauna (1420) ;
Jean II des comtes de Béarn (1457) ; Jean III de
Foix, successivement évêque d'Aire et de Com-
minges (1456) ; Arnaud-Guillaume d'Aydie, évêque d'Aire, abbé de Pontaut et de Saint-Girons ;
Jean d'Abadie (1526) ; Gabriel de Grammont,
évêque de Tarbes et cardinal, qui fonda le col-
lége de St-Sever (1532) ; l'italien Jérôme de la
Rovère, archevêque de Turin (1565) ; le savant
cardinal Sfondrate ; Pierre de Pontac (1634), qui
fut comme le second fondateur du monastère,
surtout en provoquant sa réunion à la Congrégation des Bénédictins de Saint-Maur. De son
temps les religieuses Ursulines furent reçues
dans la ville (1645). Après lui nous trouvons
Jean-Louis de Fromentières, l'éloquent évêque
d'Aire, qui mourut avant d'avoir pris possession ;
le P. Anselme, prédicateur du roi, etc.

En 1569 le monastère fut pillé par les protestants, son église dévastée, ses saintes reliques
profanées, ses vases sacrés volés et fondus, plusieurs de ses religieux massacrés, ses collections

de livres, dé manuscrits et d'objets d'arts anéantés. L'abbaye se releva peu à peu de ses ruines et subsista jusqu'à la Révolution. (1)

La basilique de St-Sever, avec ses proportions grandioses, sa riche couronne de chapelles, ses absides romanes, ses sveltes colonnes, ses chapiteaux historiés et ses voûtes hardies, est sans contredit le monument le plus remarquable des diocèses d'Aire et de Dax. Une restauration habile, conçue par M. l'archiprêtre Du Sault, heureusement secondé par M. de Toulousette, tend de jour en jour à restituer au monument ses caractères primitifs altérés par l'ignorance et le mauvais goût des âges.

(1) *Gallia Christ.* — De Marca, *Histoire du Béarn.* — Le P. Montgaillard. — L'abbé Monlezun. — Mss de l'abbaye de Saint-Sever.

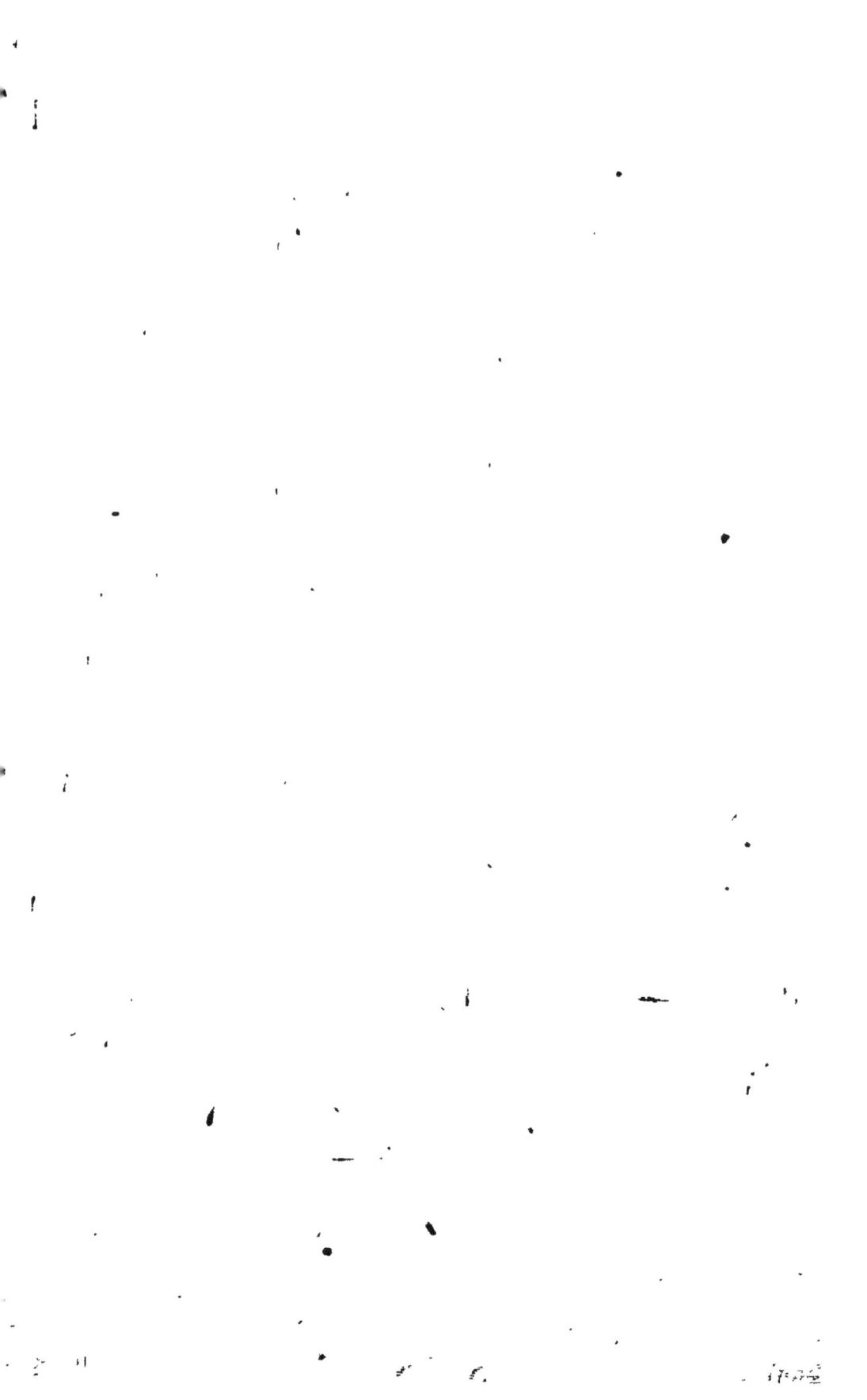

## Note B.

Saint Girons, au moment où Saint Sever tombait sous le fer des Vandales, évangélisait les environs de Toulouse. A la nouvelle de la mort de son ami, il réunit ses cinq compagnons et s'achemina avec eux et une multitude de fidèles vers le Tursan ; ils allaient rendre au confesseur du Christ les honneurs suprêmes. Mais l'ayant trouvé enseveli par les chrétiens, ils répandirent sur sa tombe des larmes abondantes provoquées, non par le stérile regret de sa mort, mais par le chagrin de n'avoir pas été di-

5

gnes de partager eux-mêmes son bonheur. La
palme du martyr, objet de tant de vœux, ne devait pas tarder à briller en d'autres mains.

Les Vandales, gorgés de sang et de butin, reparurent bientôt et égorgèrent une foule de
chrétiens. Leur rage s'acharnait de préférence
sur les ministres des autels. Géronce, tombé entre leurs mains, fut atteint d'un glaive mortel ;
il survécut trente jours à ses blessures, et durant ce temps, il est permis de penser que sa
voix mourante ne cessa de prêcher Jésus-Christ
jusqu'à ce qu'il expira dans les bras de Clair et
de Justin. Les deux amis l'enterrèrent secrète-
ment ; et, si nous nous en rapportons aux mêmes chroniques, qui, malheureusement, ne sont
point exemptes d'interpolation et d'erreur, lorsque le flot des barbares se fut écoulé, Clair et
Justin relevèrent ces ossements sacrés avec le
respect que méritaient les dépouilles d'un glorieux défenseur de la foi, et les transportèrent
dans le Couserans, là où s'éleva depuis la ville
de St-Girons. Si ce fait est exact, il faut admet-
tre que d'insignes reliques du saint restèrent en

Chalosse, sur les lieux où coula le sang du martyr et où fut bâti en son honneur le monastère qui porte son nom.

L'abbaye de St-Girons passa de bonne heure de l'état régulier à la condition d'église collégiale servie par des chanoines.

Dans la série de ses abbés, on remarque Garsias, mentionné au commencement du onzième siècle dans l'*Histoire du Béarn* (liv. v, ch. xxxi), Jean de Capsignan, dont le souvenir a été conservé sur un calice qui porte son nom (1150); Guillaume de Lupé, abbé séculier de St-Girons, qui transige avec l'évêque d'Aire en 1330 ; Raymond d'Aydie, en même temps abbé de St-Sever et de St-Loubouer (1480); Arnaud, abbé de St-Sever, de Pontaut et de St-Girons, qui nous paraît être le même qu'Arnaud-Guillaume d'Aydie, qui joignit ces trois abbayes à l'évêché d'Aire (1526) ; Louis de Poyanne, en même temps abbé de Pontaut (1611) ; Bernard de Baillenx, chanoine de Dax (1640), etc. (1)

---

(1) *Gallia Christ.* — De Marca, *Histoire du Béarn.* — Le P. Montgaillard. — L'abbé Monlezun.

La crypte de St-Girons, dans ses proportions réduites, est un échantillon précieux de style roman-fleuri; et ses chapiteaux, si finement sculptés, rivalisent, s'ils ne les surpassent, avec ceux de St-Sever. Ce monument appelle une restauration.

## NOTE C.

*Acte passé par devant Mᵉ Dupoy, notaire à Doa-
zit, le 10 novembre 1658, au lieu dict Espaunicq, entre MM. Hugues Dufaur et Raymond
de Cez, curé de Larbey et Maïlys.*

S'ensuit la teneur du concordat passé entre
M. Raymond de Cez, curé de Larbey et de son
annexe de Maïlys et M. Hugues Dufaur, prestre
et docteur en théologie.

Comme ainsi soit qu'il a eu pleu à Dieu par un
effet de sa miséricorde inspirer à M. Hugues Dufaur, prestre du diocèse d'Auch, qui est employé
par M. l'evesque d'Ayre aux missions de ce diocèse, ce loüable dessein de faire reuiure la déuotion de la Très Saincte Vierge dans la chapelle
de Maïlys, laquelle est fort ancienne selon la
tradition immémorable de tout le pays de la
Chalosse et mesmes les marques assez claires
qui paraissent dans la dicte chapelle de son antiquité ; mais que néantmoins était comme per-
due et fort négligée. Et parce que selon le droict
humain il faut observer en toutes choses l'équité,
la justice et la déférence, le dict sieur Dufaur, en
ce bon mouuement pour l'establissement de cette
déuotion, n'a pas vouleu y songer sans le communiquer plus tost à M. Raymond de Cez, prestre et curé de Larbey et de la dicte chapelle de
Maïlys, lequel dict sieur estant plénement persuadé de l'affection sincère du dict sieur Dufaur,
pour remettre cette dicte déuotion dans quelque
bon ordre et la porter dans le plus haut esclat
qui se pourra , auec le bon plaisir de Dieu et le

secours fauorable de la Très Saincte Vierge,
pour l'honneur de laquelle le dict sieur Dufaur ne
désire que trauailler et qu'il en donne tous les
jours des fidelles témoignages, de sorte que
le dict sieur de Cez ayant approuué auec beaucoup de joye un dessein aduantayeux pour la sa-
tisfaction des âmes, il a consenti que le dict sieur
Dufaur employat ses forces, ses adresses et tout
ce qui dépend de sa suffisance et de sa personne
pour l'entier restablissement de cette dicte déuotion. Mais comme Dieu n'inspire jamais des
desseins de cette importance et qui ne ueut pas
aussy qu'on travaille à des ouurages de cest
esclat qu'il ne donne en mesme temps les urais
sentiments d'humilité, de soubmission, de déférence et de dépendance enuers les dignités et
supériorités instituées de Dieu pour le régime des
déuotions solides et canoniques, d'où uient que
le dict sieur Dufaur, ayant eu l'agrément et
l'approbation du dict sieur de Cez, n'a pas uoulu
trauailler au restablissement de cette déuotion
sans plustost defférer toutes choses à Monseigneur l'évesque estant à Paris, et à Messieurs

ses uicaires généraux, et afin de n'entrepren-
dre rien contre les ordres sacrés que la diuine
Prouidence a establi dans l'Eglise ; ainsy mon
dict seigneur l'éuesque, estant du tout persuadé
des fruits et des utilités qui peuuent sortir du
restablissement de cette déuotion pour tout son
diocèse, en donne son approbation et son consentement pour faire réussir les desseins du
dict sieur Dufaur, par des lettres toutes pleines
de piété et de ferueur, jusque là que mon dict
seigneur l'éuesque témoigna n'auoir rien plus à
cœur que le restablissement de cette déuotion,
les dicts sieurs de Cez et Dufaur ont commencé
de trauailler auec beaucoup de succès, de sorte
que le zèle que tout le monde tesmoigne publi-
ment, faict espérer que cette déuotion pourra
estre un jour fort célèbre auec le secours du
ciel. Mais comme une déuotion de cette sorte
ne saurait subsister dans l'esclat qu'elle a com-
mancé ny mesme paruenir à la gloire que toutes
les bonnes âmes en attendent, sans qu'il y aye
quelque congrégation et communauté des bons,
sages, pieux, zélés et sçavants ecclésiastiques,

le dict sieur Dufaur a résolu de faire tous ses
efforts pour establir une espèce de communauté
dans la dicte chapelle, auec la grâce de Dieu,
soubs le bon plaisir, agrément et approbation de
mon dict seigneur l'éuesque, afin que cette déuotion puisse estre stable, ferme, inébranlable
et à perpétuité, pour ce est-il qu'aujourd'huy,
dixième jour du mois de novembre, mil six cent
cinquante-huit, après midy, en la jurisdiction
de Doazit et maison appelée à Espaunicq, par
devant moy notaire royal soubsigné, en la présence des témoins bas nommés, ont été consti-
tués en leurs personnes, les dicts sieurs de Cez
et Dufaur habitants de la présente jurisdiction
de Doazit d'une part, et Jean de Vic, dit de Péguiraut, au nom et comme marguillier de la
dicte chapelle nostre dame de Maïlys, laboureur,
habitant aussy de la présente jurisdiction d'autre
part; lesquels dicts sieurs de Cez et Dufaur ont
tesmoigné et promis respectueusement uouloir
rechercher tous les expédients possibles, mais
toujours soubs le bon plaisir de mon dict seigneur l'éuesque, afin de faire une déuotion par-

ticulière et rendre la dicte chapelle de Maïlys un lieu sy pieux, sy sainct et sy sacré, que la Très Saincte Vierge y soit servie et honorée à jamais; de sorte que pour commencer à restablir le commencement en attendant l'arriuée de mon dict seigneur l'éuesque d'Ayre dans ce présent diocèse, ils seraient demeurés d'accord, ensemble le dict de Vic, marguillier susdict, du contenu des articles suiuants :

Premièrement le dict de Vic, tant pour lui que pour les autres habitants de la paroisse de Maïlys, a déclaré et déclare par ces présentes que l'achapt de la maison et réparations faictes en icelle, champ, uerger, jardin et tout ce qui a été achepté pour icelle, a été faict par la charité de quelques âmes dévotes, et particulièrement de la paroisse de Doäzit, et qu'il est accordé entre les parties que la dicte maison demeure et demeurera acquise au dict sieur Dufaur et autres prestres qui seront à seruir la dicte déuotion, sans que le dict sieur curé ou marguillier puissent se l'approprier ni troubler en la jouissance, ni que la dicte maison puisse estre preinse comme maison de la paroisse ou presbytérale.

Secondement, que néantmoins le dict sieur curé uoulant suiure et se soubmettre aux ordres de la communauté il sera reçu et logé en la dicte maison et que le rang a lui deu en sa qualité luy sera conserué après le directeur ou soub directeur de la dicte communauté.

Troisièmement, que la dicte chapelle de Maïlys estant une annexe de la cure de Larbey, le dict sieur curé en faira les fonctions curiales, comme faire le promet et administrer les sacrements.

Quatriesmement, que Monsieur le curé dira les messes de paroisse pendant les neuf à dix heures, pour que les offices curiaux n'empêchent point les exercices des autres prestres.

Cinquiesmement, qu'aux jours de festes solennelles de Nostre Dame ou d'autres, Monsieur le curé dira la grande messe, officiera à uespres, et non pas son uicaire ; mais en son absence, tel qui sera commis par la communauté, et que la dicte communauté seruira les dictes messes et assistera aux dictes uespres.

Sixiesmement, que pour les prédications ès dicts jours des festes solennelles, Monsieur le curé faira une prédication sy bon luy semble, ou autrement qu'il y sera pourvueu par le dict sieur Dufaur ou aultre de la communauté, et au cas que Monsieur le curé ueille faire la dicte prédication, il en aduertira le dict sieur Dufaur et du temps et heure qu'il choisira un mois auant.

Septiesmement, que le dict sieur Dufaur, ny autres de la communauté ne prétendront point de diminuer les droicts du dict sieur curé. Il est demeuré accordé entre parties qne tous les droicts décimaux demeureront au dict sieur curé, comme il a accoustumé de les prendre, comme aussy tous autres droicts curiaux, comme les enterrements, bienfaicts qui se donnent à dire pour les défuncts, messe le jour de la sépulture, seconde messe, septain, trentain, anniversaire et autres suffrages qui se prennent sur le cimetière, et messes des accouchées ; et au regard des offrandes, ausmônes du bassin du purgatoire, et Euangiles, attendeu qu'elles aduancent notablement à l'occasion de la dicte déuotion des étrangers, est accordé que le dict sieur curé en aura la sixiesme partie seulement, n'estant pas incorporé dans la communauté ; mais que s'il est incorporé, que les dictes offrandes, et Euangiles et ausmônes du bassin du purgatoire demeureront par entier à la dicte communauté.

Huitiesmement, et pour rendre à mon dict sieur curé la dicte sixiesme partie des dicts droits soit l'argent qui en prouiendra, sera mis à part dans quelque trou ou coffre, duquel les dicts sieurs curé et Dufaur tiendront, sy bon leur semble, chacun une clef pour faire le partage, de trois mois en trois mois, selon qu'ils le jugeront nécessaire.

Neufuiesmement, que pour la direction de la communauté des prestres qui seront à seruir la dicte déuotion, elle demeurera en la main du dict sieur Dufaur ou tel autre que la communauté choisira, et que le dict sieur curé sera appelé à la reddition des comptes, des charités et ausmônes qui auront été faictes pour dire des messes ou pour l'entretien de la dicte communauté, réparation de la dicte chapelle ou autrement selon l'intention des donans, et que le tout sera escript dans un livre par quelques commis de la communauté, sans que le dict curé ny autres qui ne seront pas de la dicte communauté puissent rien prétendre sur les dictes aumôsnes.

Dixiesmement, que s'agissant d'agréer un prestre dans la dicte communauté, le dict prestre ne faira point fonction dans l'administration des sacrements, qu'après auoir faict apparaître deuant mon dict sieur curé de sa légitime approbation, sy le dict sieur curé toutes fois le trouue dans la dicte paroisse ou qu'il conste au dict sieur curé que le directeur ou autre de la dicte communauté aye pouuoir d'approuuer le dict prestre.

Onziesmement, que le dict sieur curé retiendra tous les émoluments qui peuuent sortir des obits qui sont dejà fondés dans la dicte chapelle, sans que les prestres de la dicte communauté en puissent rien perceuoir; que néantmoins, pour les obits, prébendes et messes qui à perpétuité y pourront estre laissés et fondés en la-dicte chapelle d'icy en avant, le dict sieur curé n'en pourra rien prétendre, et que tout le revenu et émoluments en demeureront aux prestres de la communauté, et d'ailleurs que soubs prétexte des messes de l'anniversaire le dict sieur curé n'aura rien à uoir sur les obits fondés de nouveau.

Tout le contenu auxquels articles sonts escrits les dicts sieurs de Cez, curé susdict, faisant tant pour lui que pour les aultres qui seront après lui;

Dufaur, pour lui et pour les aultres prestres qui seront à l'advenir en la dicte chapelle;

Et le dict de Vic, marguillier susdict, tant pour lui que pour les aultres marguilliers qui seront après lui dans la dicte chapelle, selon leur forme et chacun en ce qui les concerne,

Ont promis le tout tenir et entretenir, garder et observer selon leur forme et teneur;

Le tout soubs le bon plaisir de mon dict seigneur l'évesque d'Ayre, demeurant aussy accordé entre les dicts sieurs de Cez curé, Dufaur et de Vic parties, que le dict sieur de Cez sera rem-

boursé des fournitures et aduances qu'il se trou-
uera auoir faictes pour le restablissement, ou
achapts, ou réparation de la dicte maison, dans
un an; le tout à peine de tous dépends, domma-
ges et intérests, et à ces fins ont obligé et
hypothéqué tous et chacun leurs biens, meubles
et immeubles, qu'ils ont soubmis à toute rigueur
de justice, à qui la connaissance en appartiendra,
ayant renoncé à toutes renonciacions et excep-
cions à ce présent contraires;

Ainsy l'ont promis et juré tenir en présence
de Messieurs Raymond de Justes, prestre et archyprestre de Doäzit; Dabadie, chanoine de
Sainct-Girons; Jean de Vic et Jean de Cez,
aussy prestres; Raymond de Vic, notaire royal,
habitants du dict Doäzit et Sainct-Girons; tes-
moins à ce appelés et signés à l'original des présentes avec les dicts sieurs de Cez, et non le
dict de Vic, pour ne sçavoir de ce requis par
moy.

## NOTE D.

*La confirmation du concordat passé entre Mais-*
*tres Raymond de Cez, prestre et curé de Lar-*
*bey et de la chapelle de Nostre-Dame de Maïlys;*
*Maistre Hugues Dufaur, prestre, et Jean de*
*Vic, dit de Peguiraut, touchant le restablisse-*
*ment de la déuotion,*

par

MONSEIGNEUR L'EUESQUE D'AYRE.

Bernard de Sariac, par la grâce de Dieu et
authorité du Sainct Siége apostolique, éuesque
et seigneur d'Ayre et de Saincte-Quiterie du Mas,
conseiller du roi en ses conseils et priué, abbé

de Lieu-Dieu, l'Escale-Dieu....., à tous ceux qui
ces présentes uerront : salut en Nostre-Seigneur.

Quoique la gloire des saincts soit une même
chose auec celle du Sauveur de nos âmes, et que
les merueilles de leurs uies nous obligent d'admirer les triomphes miraculeux de la grâce sur
les faiblesses de la nature, néantmoins c'est avec
une différence notable eu esgard à la diuersité
des degrés de ses communications, que la mesme
foi qui nous représente Dieu admirable en tous
ses saincts, porte nos rauissements dans l'excès
sur la considération de l'excellence à laquelle il
lui a pleu d'éleuer la uie et les mérites de la
Très Saincte Vierge Mère de son Fils, et la gloire
qu'il lui a donnée dans le ciel et sur la terre est
aussy ineffable aux anges bienheureux qu'elle
l'est aux hommes qui vivent en ce monde.

Ainsy nous deurions adorer auec un silence
respectueux la prouidence de Dieu dans la gloire
qu'il lui a pleu susciter en faueur de la Très
Saincte Vierge, en l'église de Maïlys. Autre fois
la déuotion qu'on y auait pour son culte y était
célèbre ; mais le malheur de la guerre l'y ayant

quasi éteinte, il a fallu que les opérations extraor-
dinaires·de la grâce l'y ayent restablie. Aussy, la
bonté de Dieu par l'intercession de cette grande
aduocate des fidèles les y a rendus si fréquentes,
que le bruit s'en estant respandu par tous les
diocèses uoisins, on y uoit un grand concours
de peuble et des actes de piété et de conuersion
continuels, en sorte qu'il y a subjet d'espérer que
cette déuotion receura tous les jours de uou-
ueaux accroissements et refleurira en toutes sortes de bénédictions. De là uient que nous reçeus-
mes auec joie, l'onziesme de janvier dernier, la
supplication qui nous fut faicte par les sieurs
Raymond de Cez, prestre et curé de l'église de
Larbey et de cette église de Maïlys, Hugues
Dufaur, prestre du diocèse d'Auch, et Jean de
Vic, nommé de Péguiraut, marguillier de cette
église de Maïlys, chacun d'eux en ce qui les
concerne; tendante à ce qu'il nous pleust à l'effet du restablissement et augmentation de cette
déuotion, omologuer, authoriser et confirmer
certain concordat passé entre eux par l'aduis
et méditations des sieurs Raymond de Justes,

prestre docteur en théologie, archyprestre de
Doäzit, et Jean d'Abadie, prestre, docteur en
théologie et chancine de Sainct-Girons, et
Messieurs Jean de Vic et Jean de Cez, aussy
prestre, et Mᵉ Dupoy, notaire royal de Doäzit,
le dixiesme jour du mois de novembre mil six
cent cinquante huit ; et lequel concordat nous
remirent le dict jour, onziesme de janvier dernier, avec cette déférence et soubmission d'en
accepter la confirmation avec telles modifications, ampliations et restrictions, qu'il nous plai-
rait y mettre, ainsi que nous le jugerions à propos pour la plus grande gloire de Dieu et de la
Très Saincte Vierge. Et quoique d'abord il nous
pareust que le restablissement de cette déuotion
estait l'ouvrage du ciel, nous creumes qu'il estait
du deuoir de nostre circonspection pastorale de
ne rien précipiter en cette affaire ; et nous nous
sentismes obligé d'en prendre des connaissances
plus assurées dans la descente que nous fairions
sur les lieux, et par les informations que nous
pourrions receuoir des personnes du uoisinage et
estrangères qui pourraient justifier la uérité des

opérations miraculeuses et des actions de piété
qui se faisaient en ce sainct lieu ; de sorte
qu'ayant satisfaict à notre deuoir par la justice
que nous y avons faicte le uingt-et-uniesme de
septembre dernier, et diuerses informations que
nous auons eues auec plusieurs personnes de
grande piété et intelligence, tant ecclésiastiques
que laïques de nostre diocèse et du reste de la
prouince, nous auons été confirmé dans la uérité de nostre créance et auons creu ne pouuoir
refuser l'omologation, authorisation et confirmation requises, à moins que d'estre coupable du
retardement ou diminution de la gloire de Dieu
et du culte de la Très Saincte Vierge ; c'est
pourquoy de Dieu et puissance épiscopale et ordinaire que nous auons eu ce nostre diocèse et
de l'aduis de nostre congrégation et ayant esgard
aux fins de la supplication des dicts de Cez,
Dufaur et de Vic, nous auons omologué, autho-
risé et confirmé, omologuons, authorisons et
confirmons le dict concordat en tous les chefs,
auec les modifications, ampliations et restrictions suiuantes et non aultrement :

Premièrement , que par le supérieur et communauté des prestres chapelains titulaires , seront dressés des statuts soubs l'obseruance des quels les dicts supérieur, chapelains titulaires, prestres desseruants et autres personnes et supposts de la dicte communauté, seront tenus de uiure, à la charge que de tels statuts soyent approuués et confirmés par Nous.

En second lieu , qu'en cette communauté il y aura autant de titulaires chapelains en titre de bénéfice perpétuel qu'auec nostre aduis et celui du dict sieur Dufaur présentement , et par celui du supérieur et communauté des titulaires chapelains, après qu'elle sera formée à l'aduenir, les commodités d'icelle le pourront permettre. Entendons que le supérieur de cette déuotion et communauté sera perpétuel sauf le cas de droict, et d'ores et déjà nous auons confirmé et confirmons et en tant que de besoin créé et créons le dict sieur Hugues Dufaur , supérieur de cette déuotion et commnnauté , et à l'effect de quoy nous leur en auons fait expédier nostre tiltre plus au long d'acte de ce jour.

Troisiesmement, qu'oultre les chapelains titulaires qui seront entendus soubs le nom de premier institut et qui fairont avec le supérieur le
corps de communauté, pourront estre admis
par le supérieur et communauté conjointement,
pour l'assistance d'iceux au regard des fonctions qui concernent la déuotion susdicte, et
pour autant de temps que par eux sera aduisé,
autant de prestres qu'il conuiendra, à la charge
que pour faire les fonctions ils soyent approuués de nous ou de nos successeurs les seigneurs
éuesques d'Ayre, et les prestres desservants seront entendus soubs le nom de second institut.

Quatriesmement, que cas aduenant de la ua-
cance de la charge de supérieur de la dicte déuotion et communauté, à Nous et à nos successeurs les seigneurs éuesques d'Ayre appartiendra
de plein droit et absolu d'y pouruoir et la conférer à tel des chapelains titulaires de la dicte
communauté, que nous jugerons plus digne de
l'exercer; et pour le regard des uacances des
chapelains qui seront en tiltre de la dicte déuotion et communauté, la nomination et présenta-

tion appartiendra aux sus dicts supérieur et chapelains titulaires conjoinctement, et l'institution des nommés et présentés pour les chapelainies uacantes Nous en appartiendra. Néantmoins, ne pourra estre faicte que de personne capable et qui ayt demeuré à la desserte de la dicte déuotion, durant six mois au gré de la communauté. Et au cas que le nommé et présenté ne feust par Nous ou nos successeurs jugé capable, le droict d'y pouruoir absolument nous en appartiendra et à nos successeurs. Mais Nous et eux serons tenus de conférer la chapelainie à un des prestres qui aura faict la desserte requise durant six mois.

Cinquiesmement, le dict supérieur ueillera soigneusement sur la uie, mœurs et conduite de tous ceux de la communauté, soit chapelains titulaires, soit prestres desservants, et sur les seruiteurs et supposts d'icelle, auec faculté et droict de les corriger, soit en particulier, soit en l'assemblée de la communauté, suiuant les règles de l'euangile et que les cas le mériteront. Et en cas d'escandale ou de crime grief qui mé-

ritast punition ou mesme priuation du tiltre de
chapelainie, le supérieur sera obligé de Nous en
donner connoissance et à nos seigneurs les éuesques d'Ayre, et Nous en enuoyera les informations que nous lui donnons pouuoir et le char-
geons d'en faire, pour estre par Nous procédé
contre le délinquant pour raison et justice.

Sixiesmement, que les comptes des biens, re-
uenus, dons, offrandes, charités, aumosnes et de
tous et de tels aultres biens, meubles et immeubles, tels qu'ils puissent estre, qui sont et appar-
tiennent, seront et appartiendront à la dicte
communauté, se rendront de six mois en six
mois deuant Nous et nos successeurs les seigneurs éuesques d'Ayre ou deuant nostre com-
missaire ou le leur, qui à cet effect sera spécialement commis et député, les dicts comptes
par le syndic ou autre officier de ceste communauté qui en aura l'administration, sans que le
dict sieur de Cez, curé de Larbey et Maïlys, ni
ses successeurs curés à l'aduenir y soyent appelés ou en prennent connaissance si ce n'est qu'ils
fussent titulaires chapelains du premier institut

5·

ou admis en la dicte communauté en qualité de prestres de second institut.

Septiesmement et dernier lieu, que tous les dicts supérieurs, titulaires, chapelains et seruiteurs de la dicte communauté seront entretenus aux despends d'icelle, conformément aux dicts statuts qui seront dressés, et ueu la fondation et donation de la feudalité en toute justice de trente journées de terre dans le terroir de Doäzit, faicte par noble Sarran de Candale de Foix, seigneur et baron de Doäzit, aux charges y contenues par acte receu par de Vic, notaire de Doäzit, le uingt-cinquiesme jour du moys de may mil six cent cinquante neuf, nous auons icelle fondation et déuotion authorisée, spiritualisée et décernée, authorisons, spiritualisons et décernons par les présentes.

Donné à Ayre, en nostre palais épiscopal, le uingt-cinquiesme jour du moys de septembre mil six cent soixante, soubs nostre seing et grand scel et soubscription de nostre secrétaire, présents : MM. Bernard Péclavé, chanoine de

nostre église cathédrale, et M. Jean Roques,
prestre et maistre de musique dans la saincte
cathédrale.

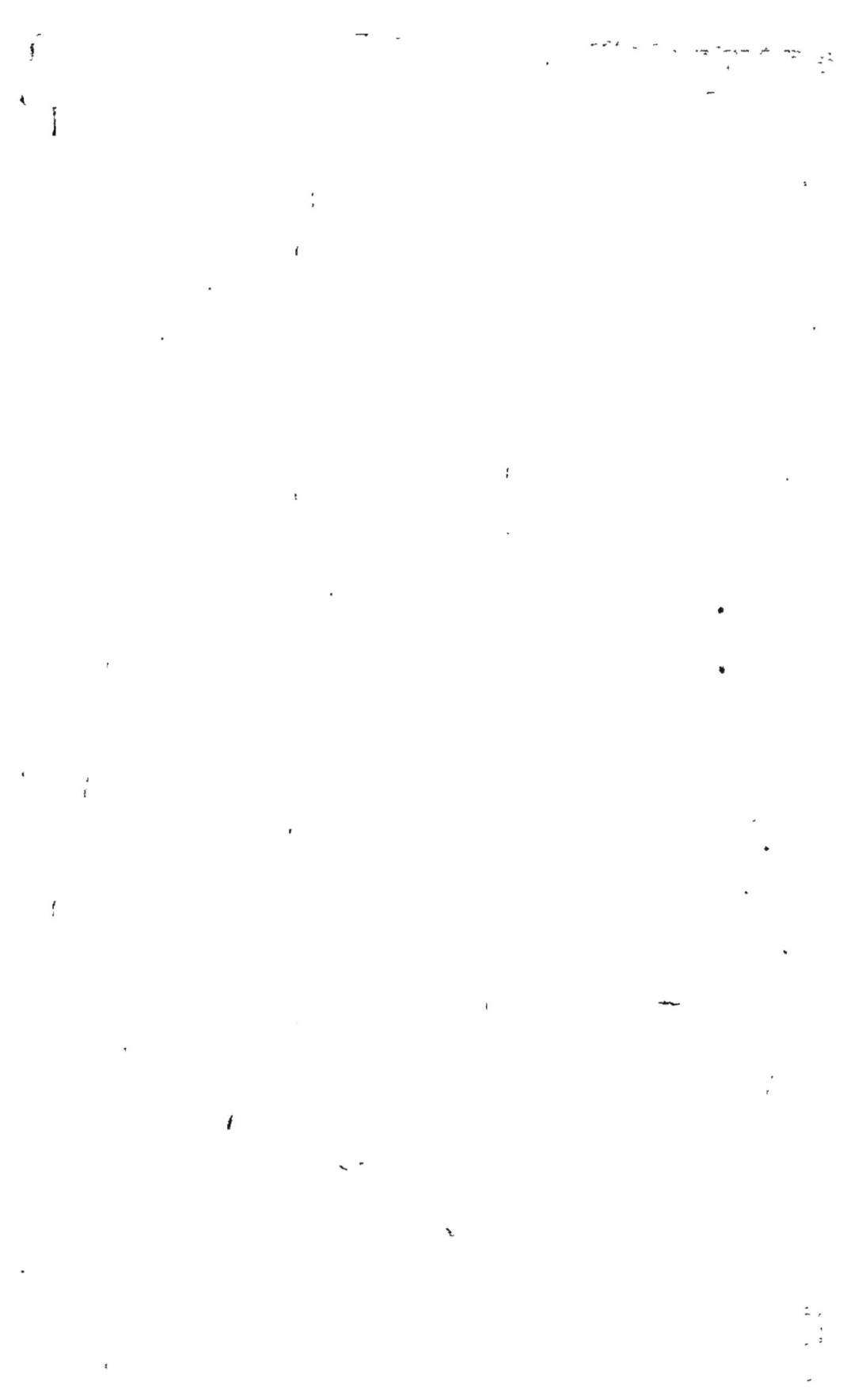

## Note E.

*Tiltre de M. Hugues Dufaur, comme supérieur de Nostre-Dame de Maïlys.*

Bernardus de Sariac, Dei gratiâ et Sanctæ Sedis apostolicæ authoritate, Episcopus et Dominus Adurensis et Sanctæ Quiteriæ de Manso, Regis a consiliis, abbas Loci-Dei et Scalæ-Dei, dilecto nobis in Christo Magistro Hugoni Dufaur, diœcesis auscitanæ presbytero et in sacrâ theologiâ baccalaureo;

Magna nobis et gloriosa dicta sunt de zelo illo singulari, quem tam mirificè ostendisti in procurandâ restauratione antiquæ devotionis sacræ capellæ de Maïlys, in honorem et gloriam innocentiæ ac puritatis Beatissimæ Virginis Mariæ consecratæ, siquidem eam in pium demiramur euectam splendorem : at verò quia in dies divinior evadit hujusmodi devotio et magna nobis effulget spes fore ut in summum pietatis ac religionis cumulum assurgat tuâ ope, vigilantiâ, sudore, studio et administratione; quarè ut res piissima postulat, justitia exigit et universus totius nostræ diœcesis ergà te affectus requirit ; Nosque tibi antè dicto Magistro Hugoni Dufaur gratiam volentes conferre specialem, te in verum, realem et plenum et perpetuum administratorem et directorem præfatæ devotionis et sacræ capellæ de Maïlys, creamus et creavimus, instituimus et posuimus, confirmamus et confirmavimus, juxtà statuta à nobis data, pro dignâ hujusmodi deuotionis et capellæ administratione et ampliori restauratione, et de super juxtà modificationem à nobis factam super articulos transactos in favorem dictæ devotionis et administrationem capellæ inter te et Magistrum Raymundum de Cez, presbyterum curatum de Lar-

bey et dictæ capellæ de Maïlys, ut nobis consti-
tit instrumento publico retento apud P. Dupoy,
notarium regium loci de Doäzit die decimâ mensis novembris, anno verò millesimo sexcentesimo quinquagesimo octavo.

Volumus ut tibi socios adjungas, qui dignè
opus valeant implere et perficere, imò tecum
piam communitatem constituere; statuimus ut
inter ipsos fruaris omnibus honoribus tibi ut
vero restauratori, administratori ac superiori
debitis, et gaudeas omnibus juribus, bonis ad-
quisitis et adquirendis, donis, eleemosynis, obla-
tionibus, jam factis aut faciendis in posterum.

Mandamus primo presbytero aut clerico ton-
surato et notario publico nobis subjectis, ut te
vel procuratorem tuum tuo nomine et pro te in
realem, veram et actualem corporalemque pos-
sessionem administrationis præfatæ devotionis
et capellæ et domûs adquisitæ et omnium bono-
rum comparatorum ponant et i ucant adhibitis
solemnitatibus requisitis.

Datum Aduræ in palatio nostro, die vigesimâ
quintâ mensis septembris, anno Domini mille-

simo sexcentesimo sexagesimo. Præsentibus
magistris Joanne de Roques, presbytero, magistro musicæ et Petro de Pandellé, presbytero
in ecclesiâ cathedrali prœbendato, presbyteris
testibus ad præmissa vocatis et rogatis et in ori-
ginali subscriptis.

## Note F.

A quelques lieues au nord de Maylis, sur la rive droite de l'Adour, dans la paroisse de Souprosse, est un pèlerinage fort ancien qui a gardé parmi les débris de ses archives une bulle de Paul V, concédant des indulgences à la confrérie de Notre-Dame de Goudosse.

Ce lieu, qu'on écrivait autrefois Godosse, rappelle, avec le nom des Goths, le souvenir des sanglantes batailles dont il fut le théâtre. Il est resté des constructions primitives de l'église une abside romane. Les débris conservés des archives ne remontent pas au-delà du commen-

cement du dix-septième siècle. On y trouve :
1º la bulle de Paul V, en date du 1er novembre
1816 ; 2º le petit livre de Notre-Dame, portant
les règles de la confrérie confirmées par Philippe
de Cospéan, évêque d'Aire, en 1618 ; 3º le registre des comptes et la liste des confrères.

Nous citerons la bulle de Paul V comme pou-
vant donner à nos lecteurs un aperçu assez exact
des concessions analogues faites à Notre-Dame
de Maylis par des actes dont nous n'avons pas
retrouvé la trace.

« Indulgence plénière et rémission de tous
péchés concédée par Notre Saint Père le Pape
à tous les confrères de l'un et l'autre sexe qui
sont à présent en la confrairie de Notre-Dame
de Godosse au diocèse d'Ayre, ensemble à tous
ceux de l'un et l'autre sexe qui s'enrooleront do-
rénavant en ladicte confrairie, à la charge de
faire ce qui s'en suit :

» Premiesrement, à tous fidelles chrestiens de
l'un et l'autre sexe vrayment pénitents et confès,
qui dores en avant entreront en ladicte confraternité, si déuotement le jour premier de leur

réception, ils reçoivent le très sainct corps de notre Seigneur, leur y concédons plénière indulgence.

« Item aux mesmes confrères de l'un et l'autre sexe qui sont à présent et qui seront par après en ladicte fraternité, en quel lieu qu'ils décédent vrayment pénitents et confès et communiés (si cela se peut commodément), pour le moins en invoquant le très sainct nom de Jésus en l'article de leur mort, de cœur pour le moins si de bouche ne se peut, leur y concédons plénière indulgence et rémission de leurs péchés.

« Pareillement aux mesmes confrères de l'un et l'autre sexe aussy vrayment pénitents et confès et communiés qui dévotement visiteront ladicte église de Godosse tous les ans aux jours et festes de la Nativité de la Bienheureuse Vierge, depuis les premières vespres jusques au soleil couché du jour de la fête, et là, fairont déuotement prière pour l'exaltation de notre Mère la sainte Eglise, pour l'extirpation des hérésies, pour la conversion des infidelles, pour la paix et accord des princes chréstiens, pour le salut de

Notre Sainct Père le Pape, leur y concédons d'authorité apostolique, plénière indulgence et rémission de tous et chacuns de leurs péchés.

« Davantage aux dicts confrères de l'un et l'autre sexe semblablement vrays pénitents, confès et communiés, qui déuotement visiteront la dicte église de Godosse aux jours et festes de la Circoncision de Notre Seigneur, de l'Annonciation, de l'Assomption, ensemble de la Conception de la même Très Sainte-Vierge, et en icelle, non seulement en tels jours, mais aussi en que autre temps que ce soit, prieront ou fairont priei comme dessus, leur y relaxons sept années e tout autant de quarantaines de pénitence.

« Finalement aux susdicts mesmes confrères toutes fois et quantes qu'ils assisteront aux di vins offices qui se fairont en la mesme église o oratoire de ladicte confraternité, ou bien assis teront déuotement aux congrégations publique ou secrètes pour y exercer quelque œuvre pi et de déuotion, en quels lieux qu'ils le fairont aussy à tous les mesmes confrères qui s'associe ront déuotement pour suivre le Sainct Sacre

ment lorsqu'il sera porté à quelque confrère
malade, ou bien ayant empeschement légitime
de ne pouvoir assister, après avoir oüy le sygne
de la clochette en tel cas accoutumé, se mettront à genoux à terre et diront déuotement une
fois l'Oraison Dominicale et une fois la Salutation
Angélique pour le mesme malade, ou assisteront
déuotement aux processions ordinaires ou extraordinaires, tant de ladicte fraternité que
autres qui se feront de la licence ordinaire ; qui
assisteront aussy déuotement aux enterrements
des confrères morts, fairont aussy quelque acte
d'hospitalité, comme loger charitablement des
pèlerins, qui mettront paix entre les ennemis,
rappelleront au chemin du salut quelque dévoyé,
ou diront cinq fois l'Oraison Dominicale et tout
autant la salutation angélique pour les âmes des
confrères trépassés.

« Toutes fois et quantes fois que les susdicts
confrères fairont charitablement en Christ l'une
ou l'autre des susdictes œuvres, nous leur y re-
lâchons miséricordieusement de l'authorité et
teneur des présentes, soixante jours de péni-

6

tence à eux, en quelle sorte que ce soit en-
joincte.

« Voulons que les présentes indulgences et
pardons estre à perpétuité et à jamais. Que si
aux susdicts confrères, pour la même raison que
dessus, quelque autre indulgence leur y avait
été concédée perpétuellement ou à certains temps
non encore expiré, entendons ces présentes
estre de nul effect et valeur.

« Donné à Rome, l'an de l'Incarnation de Notre Seigneur mil six cent seize, le premier de
novembre, et de Nostre Pontificat le douzième.»

---

### PROMULGATION DE LA BULLE DE PAUL V.

« Nous, Lovys de Poyanne, abbé de Pontaut,
vicaire et official-général du diocèse d'Aÿre, à
tous les archiprestres, curés, vicaires, et tous
autres ayant charge d'âmes au présent diocèse,
Salut :

« *Nous avons donné permission* aux confraires

de la frairie de Notre-Dame de Godosse, de *continuer* cette année mil six cent vingt, de faire publier l'indulgence perpétuelle à eux concédée par Nostre Sainct Père le Pape Paul V, à présent régnant, et ce, par tout le dict diocèse d'Ayre.

« *Vous commandant* très expressément, lorsque copie de ladicte indulgence vous en sera donnée, d'en faire la publication dans nos églises paroissiales et au prône de votre messe, donnant à entendre à vos paroissiens de poinct en poinct la teneur et substance de la dicte indulgence, afin que par ce moyen ils en puissent faire leur profit spirituel, le tout, sous peine de désobéissance.

» Donné au Mont de Marsan, le 12^me jour d'Août 1620.

» Ainsi signé : LOVYS DE POYANNE.
*Vicaire-général.* »

Si nous jetons un coup-d'œil sur le registre
de la confrérie de Notre-Dame de Goudosse,
nous y trouvons une foule de noms appartenant
aux familles les plus honorables du pays : Louis
de Poyanne, abbé de Pontaut (1); vicaire-général et official du diocèse d'Aire ; sieur de
Baylenx, abbé de Saint-Loubouer (2) ; Darrac,

(1) L'Abbaye de Sainte-Marie de Pontaut, fondée vers
l'an 1115, par Géraud de Dalones, appartint d'abord à l'Ordre des Cîteaux. Elle occupait un site délicieux, dans une
vallée fertile, sur les rives du Louts, qui séparent les diocèses d'Aire et de Lescar. Elle jouit d'une grande prospérité
et donna plus d'une fois l'hospitalité aux rois de Navarre.
Les protestants, sous les ordres de Montgommery, la sac-
cagèrent en 1569, pillèrent ses biens, brûlèrent ses édifices
et dévastèrent ses forêts. Deux religieux tombèrent sous le
fer hérétique. Il ne reste que des ruines de l'ancien monastère.

Sur la liste de ses abbés, nous remarquons Arnaud d'Aydie, évêque d'Aire, qui était en même temps abbé de Saint-
Sever (1516) ; Louis de Poyanne, que nous avons mentionné
plus haut ; Hugues de Bar, évêque de Dax, et plus tard, de
Lectoure (1771); François de Poudenx, docteur de Sor-
bone (1709); etc.

(2) L'Abbaye de St-Loubouer, comme celle de St-Girons,
dont elle est peu éloignée, perdit de bonne heure son état
régulier, et le monastère, qui avait d'abord été peuplé de
moines bénédictins, passa bientôt à l'état séculier. Son pa-
tron était saint Liboire ou Loubouer, dont l'église honore la

chanoine de Saint-Girons ; Poyferré, curé de
Goudosse, qui avait alors le titre de paroisse ;
Marsan, curé de Souprosse ; Daniel de Barry,
lieutenant-général de Saint-Sever ; Dupoy, de
Tartas ; d'Abadie ; nobles Charles et Bertrand
de Lataulade et plusieurs demoiselles de même
nom ; M. et M^{me} de Vidart, de Tartas, de

mort le 43 des calendes de mars, d'après l'Agiologe de
Saint-Sever.

Parmi ses abbés, nous trouvons Raymond d'Aydie, qui
fut en même temps abbé de Saint-Girons et de Saint-Sever
(4480); Fabien de Saint-Jullien, vicaire-général ; de Gabriel
de Saluces, évêque d'Aire (1536); Antoine de Baylens de Poyanne, grand-archidiacre d'Aire (4650); Jean-Marie de Prugues, évêque de Dax (4675) ; Jean-Marie II de Prugues, vicaire-général de M^{gr} de Matha, évêque d'Aire (4701).

On rencontrait encore dans le Tursan, non loin de Pontaut
et de Saint-Louhouer, l'abbaye de Pimbo. On ne connaît
guère de son histoire que les noms de quelques-uns de ses
abbés ; nous citerons entre autres : Arnaud III de Sorbès
vicaire-général de Denys, évêque de Lonboz en 4504, auteur
des *Statuts Capitulaires* en 4533 ; Pierre d'Artigue, neveu
du précédent, qui posa des règles pour les nominations aux
bénéfices ; Gratien de Caplane, chanoine de Lescar (4598) ;
Pierre de Caplane, chanoine de Lescar, comme le précédent,
et membre de la cour Souveraine de Béarn (4634). Ces deux
derniers, dont les tombes se voyaient avec leurs épitaphes
dans la nef de la cathédrale de Lescar, laissèrent une grande
réputation de vertu.

6°

Chambre, de Mérignac ; MM. les barons de Benquet, de Sarraziet, de Banos ; de La Hite, de Laborde, de Lasalle, de Basquiat, de Ladoue, de Castaignos, de Castera, de Prugue, d'Ortès, de Burgurieu, de Batz, de Brassens, de Saint-Germain de Cabannes, etc., etc.

## Observations.

—

Nous venons de publier pour la première fois les Annales ignorées d'un pèlerinage, jadis célèbre, si nous en croyons
d'augustes témoignages, mais depuis longtemps déchu de sa splendeur.

Nous avons recueilli avec amour tout
ce qui pouvait faire revivre un passé glorieux : mais les documents écrits ont été
rares. Nous prions instamment les personnes qui connaîtraient d'autres pièces ou
qui auraient, par devers elles, des faits
nouveaux à la gloire de Notre-Dame de
Maylis, d'en enrichir libéralement ses archives. Elles travailleront ainsi, en méri-

tant sa protection, à étendre son culte et à accroître la dévotion des peuples. (*)

Nous déclarons, conformément au décret du pape Urbain VIII, que si nous avons paru attribuer un caractère merveilleux aux grâces extraordinaires obtenues par l'intercession de Notre-Dame, nous n'avons nullement entendu devancer le jugement de l'Église, notre sainte Mère et Maîtresse, seule juge des questions surnaturelles, seule dépositaire de la saine doctrine, de la foi et de l'unité catholique.

(*) Nous remercions sincèrement les hommes studieux qui nous ont aidé de leurs lumières. Nous devons des remercîments particuliers à M. le comte de Goislard-Monsabert, dont les recherches patientes autant que désintéressées nous ont servi spécialement pour ce qui concerne Notre-Dame de Goudosse.

# TABLE

# TABLE

—

www.ingramcontent.com/pod-product-compliance
Lightning Source LLC
Chambersburg PA
CBHW071944090426
42740CB00011B/1813